艺术家传略丛书 Artists in Profile

印象派艺术家与后印象派艺术家

IMPRESSIONISTS and POST-IMPRESSIONISTS

天津教育出版社
TIANJIN EDUCATION PRESS

A卷 · 印象派艺术家

B卷 · 后印象派艺术家

A卷·印象派艺术家

[英] 杰里米·沃利斯 著
郭嘉 译

什么是印象派？

印象派是这样的一群艺术家：他们改变了艺术家看待社会的方式，并真实地记录了他们的亲眼所见。他们当中的很多人——例如塞尚、德加、马奈、莫奈、毕沙罗以及雷诺阿，如今都已家喻户晓，还有一些人，名气稍逊。今天，他们的作品价值连城，但在一个多世纪以前，他们只是一场艺术革命的先锋。

想象有这样一个世界：在这个世界里，是由美术学院来规定艺术家们如何绘画，画些什么以及在何处绘画；在这个世界里，一幅画是否能被艺术展览会接纳，取决于艺术家是否愿意遵循绘画布局、绘画透视以及颜色调配的金科玉律；在这个世界里，只有伟人和体面的人——有钱人和有名的人——才能请人绘画肖像，而寻常百姓则被视为不适合做绘画的素材。再想象这样一个世界：在这个世界里，人们相信无论是山水还是海景，一切自然之美都应该富有浪漫情调，一切全凭艺术家的想象和修润完成——这就是20世纪的法国艺术。

印象派画家想画他们亲眼所见之物，而不是去画传统绘画标准要求他们“应该看见”的那

沙龙

官方的艺术授课领域是由沙龙来授予荣誉的，这就是一年一度的皇家绘画与雕塑展览。它是法国最重要的艺术盛会，蜚声世界，很多人都前来观看。展览由评判委员会决定参展作品，作品一旦被选中便意义非凡，因此评选过程总遭来众多非议。这也是印象派画家联合起来的一个原因：他们认为应当由艺术家们自己而不是评判委员会来挑选参展的作品。

法国高等美术学院

这些是由法国政府资助和经营的官方美术学院。其中的顶级院校是1648年在巴黎建立的法国国立高等美术学院。包括德加、马奈和雷诺阿在内的很多印象派画家都在此求学过。这里传统保守的教学法加重了他们对艺术权威的失望。

些东西。他们的现实艺术的观点违背了艺术权威们所希望的"理想化境界"。每一位印象派画家都拥有自己独特的艺术见地和不同的绘画技巧以及题材，经常与艺术权威们意见相左，但同时，双方又都意识到彼此有许多共同之处，于是便聚在一起开办画展。

★《红磨坊街的舞会》，奥古斯特·雷诺阿（1876年）

这是雷诺阿最著名的作品之一，画中描绘了在巴黎蒙特马特的一场例行的星期天露天舞会。从他自身的经历，雷诺阿深知巴黎的年轻人生活很艰苦，因此他十分乐意展现他们享受生活的一面。

法国的艺术权威

多年来法国在艺术授课和开办画展方面有完善的体制。单是巴黎,就拥有数百所美术学院和画室——再也没有别的城市像巴黎这样有这么多的地方可以学习艺术。人们理所当然会认为在这里可以进行多方面尝试,但情况并非如此——事实上,艺术权威们认为他们掌握了绘画的精髓,并且他们的画法才是绘画的唯一方法。他们控制了大多数的美术学院和最重要的画展——沙龙,只有在那里,艺术家们才能够出人头地。他们利用自己的权力让新加入的艺术家“排队等候”,而那些忽视这些规则的艺术家们则经常被画展拒之门外。

很多有才华的艺术家在那些权威画家开办的画室听课。查尔斯·格雷尔画室就是其中最著名的画室之一。在格雷尔的绘画生涯中,他曾给600多名学生讲过课,其中包括雷诺阿、巴奇耶、莫奈和西斯莱。很多人认为格雷尔的画风怪异,因为他崇尚独创性。西斯莱后来说,“多亏了格雷尔,我才至少有本钱炫耀自己——我从没有临摹过任何其他人的作品”。

“站在巨人的肩膀上”

很多艺术家耗费大量时间临摹大师们的经典之作,以便掌握他们的绘画技巧。雷诺阿曾说:“一个人必须在博物馆里才能学会绘画。”马奈、卡萨特和德加都曾在那里进行过临摹。只有莫奈信心十足,认为凭借自己的聪明才智,并不用去学习那些伟大的作品。

艺术的反叛

印象派画家在很多方面进行了革新。首先体现在他们对作品主题的选材上。艺术权威们认为,人们并不想看到真实的生活,而只想看到现实生活在理想中的虚幻景象。公众也持相同的观

★《雨中巴黎的街道》，古斯塔夫·卡勒波特（1877年）

20世纪，巴黎变身为一个现代都市：加宽了街道，修建了林荫大道和公园，开放了咖啡厅、音乐厅和许多大型的公共建筑。焕然一新的首都新生活吸引了众多的印象派画家。卡勒波特则紧紧抓住了自己和其他巴黎人所亲眼目睹的这些非同凡响的变化。

点：他们不想看到真实的风景——他们希望看到完美的云彩，完美的树木，天堂般的建筑……在肖像画中，公众希望目睹名人、英雄以及没有任何瑕疵的美女或俊男的肖像。人们当然不愿意自家墙上挂着的绘画人物是他们不允许其踏入家门的！

然而，现实主义却吸引了很多的画家、作家和诗人。他们置身于科学、社会和工业都经历着令人目瞪口呆的变化的年代——这些变化常常让他们既新奇又厌恶。工业革命用铁路桥梁、车辙、工厂和新兴的城镇改变着法国的风景。印象派画家想记录下这些变化。一些艺术家对人，尤其是新兴的“城市阶级”——那些在现代城镇中生活和工作的人——深感兴趣，他们记录着他们生活中的快乐——欢庆的日子、载歌载舞、马戏团、音乐厅和芭蕾舞。还有一些画家——主要是印象派女画家——也描绘人们悲伤的一面，尤其是被规矩准绳束缚的女性。

印象派画家激进的第二个方面体现在他们的绘画方式上。在意大利文艺复兴时期，画家们在他们的作品中采用了一种绘画观点或称为透视画法。他们建立了数世纪以来人们谨以遵循的严格而又科学地绘画透视法。同时，对于绘画的布局也有严格的要求，诸如在作品中如何摆放绘画的主体，以及装裱时需要去掉多大的边缘。

印象派画家开始发展自己的透视、色彩和绘画布局的理论。从19世纪中期开始，国外新的思想传到了法国。1855年在巴黎举办了第一次全球画展，1867年举办了第二次，1878年举办的第

★《顶着一篮水果的少女》，弗雷德里克·莱顿(1862年~1863年)

传统画家的作品多基于古希腊和罗马神话中想象出来的人物，以便能为沙龙所接受。

三次画展则向艺术家展示了非欧洲主流文化的艺术作品。他们意识到他们所遵循的绘画准绳并不为其他文化所共有。日本的绘画和版画对他们的影响尤其深远。

印象派画家喜欢日本艺术，并时不时地昵称其为“这些日本人”。德加采用了违背常规日本风格的绘画理念，经常在他的作品里利用绘画格局把人物一分为二；马奈采用日本简洁而又平淡的配色，减少阴影的使用；莫奈开始忽略对细节的描绘，注重增强画面的整体效果；卡勒波特则缩短透视的长度，并运用了不同寻常的绘画理念。

有人会认为在颜色运用方面应该没有什么争议，但就在这一点上也有其准绳。艺术家在黑色的背景下作画，尽管观察告诉他们阴影周围的颜色会给阴影增添色彩，他们也还是会把阴影

★*《日出·印象》*，*克劳德·莫奈（1872年）*

众所周知，莫奈只用了不到一个小时的时间就完成了这幅画作，但这幅画却是印象派艺术革新的最好代言品。

画成黑色或深棕色。马奈和莫奈开始使用白色的画布，这样在上面着色会更加亮丽；雷诺阿和毕沙罗使用有亮泽的颜料，毕沙罗同时宣称他只用主颜色——红色、黄色和蓝色——把它们混合成“次颜色”，例如橙色、绿色和粉红色。

通常人们认为艺术家应该在画室里绘画，在舞台上工作——准备素材、探究细节，完成成品。莫奈、巴奇耶、雷诺阿和西斯莱认识到在户外绘画的重要性——在露天绘画，颜色会更加生动活泼。他们说，返回画室后再试图从最初的素材中重新描绘出色彩和阴影简直难上加难。新发展起来的艺术方式意味着只要竖起画架，他们就能随时随地得心应手地运用油画颜料来绘画。

相机的发展也帮了大忙。它抓住了“时间的一瞬间”，并展示了人和动物运动的所有细节，这在从前是无法显现出来的。照片也被用于绘画构思的最初阶段。例如，莫奈的作品《花园中的女子》就是基于弗雷德里克·巴奇耶家庭影集里的照片绘制而成的。

印象派画家还需要感谢1863年发生的事件：沙龙拒绝了数百位画家的作品，其中也包括马奈的《草地上的午餐》。画家们向法兰西帝国拿破仑三世抱怨了此事，拿破仑三世传下旨意再开办一个画展，展出那些被沙龙拒之门外的作品。画展的名字就叫作“落选作品沙龙”。尽管马奈的作品占据了最显赫的位置，但是未来印象派画家，例如毕沙罗和塞尚等也有机会展出自己的作品。“落选作品沙龙”的重要性在于，它在增强激进画家实力的同时打击了官方沙龙的特权。同时，它还确认了马奈为激进艺术流派的领军人物。

印象派画家在很多的咖啡馆里见面并交流思想，其中最著名的要数坐落在巴黎巴蒂诺尔街的盖布瓦咖啡馆。马奈经常光顾这家咖啡馆，画室就在盖布瓦咖啡馆附近的画家，如巴奇耶、卡勒波特、塞尚、德加、莫奈、毕沙罗和雷诺阿等也经常在这家咖啡馆与马奈会面。盖布瓦咖啡馆也吸引了致力于推动新艺术的作家爱弥尔·左拉、诗人斯特凡·马拉美和查尔斯·波德莱尔等人。艺术评论家把那些经常光顾盖布瓦咖啡馆的人称为“盖布瓦画派”。一些艺术家声称不喜欢那里关于艺术的激烈争论，但却都承认自己获益非浅。

1870年至1871年之间爆发的普法战争以法国的溃败而告终。战争结束后，法国共和党和心存不满的工人发动起义，促使了新的政府——第三共和国（也被称为“巴黎公社”）的诞生，但该政府于1871年3月被血腥地镇压。这场战争对很多艺术家产生了影响：马奈和毕沙罗去了伦敦，还有的艺术家服了兵役，巴奇耶被人杀害。参加战争和政治叛乱使“艺术革命者”陷入了不利的境地，长期以来，公众对印象派均持怀疑态度。

几位女画家也加入了印象派。由于当时的社会风气反对妇女从事艺术，因此她们必须克服更多的障碍。老师们和评论家都一致认定女人不够聪明，她们对很多主题都难以入手；在美术学院中没有为女子专设的国立教育，法国高等美术学院直到1897年才开始接纳女画家；女人还不得不面临来自家庭结婚生子的压力。然而在印象派圈内，女画家的才华得到了认同。她们还担任起重要的管理职位。

印象派画展

决定不向沙龙递交作品以后，印象派画家举办了八次系列展览。第一届展览举办于1874年4月15日，艺术家可以挑选自己的作品参加展出。评论家路易·勒罗伊观看了莫奈的《日出·印象》后写了一篇名为《印象派展览》的评论，对他们的作品大加嘲讽，这反而为这个艺术流派冠名。在1877年的第三届展览中，画家们第一次自称为“印象派”举办展览。

印象派存在的时间很短——只有不到20年的时间，但它却永远地改变了艺术。其后的所有艺术流派，要么是印象派的延伸，要么与印象派观点相悖。

琼·弗雷德里克·巴奇耶 (Jean-Fredéric Bazille) 1841~1870

- 1841 年 12 月 6 日生于法国南部的蒙彼利埃
- 1870 年 11 月 28 日在法国卢瓦雷的博纳拉罗朗德逝世

主要作品

《蒙彼利埃艺术家的家庭聚会》(1867~1868年)　《乡村景色》(1868年)

《芮·德·拉孔达米纳画室》(1870年)

★《蒙彼利埃艺术家的家庭聚会》,弗雷德里克·巴奇耶 (1867年~1868年)

1867年,巴奇耶这幅作品的初稿被沙龙拒之门外。巴奇耶对画稿进行了修改,第二稿在1868年被沙龙接纳。爱弥尔·佐拉称赞该作品富有时代特征,并展示了“爱的真谛”。巴奇耶将他自己画在了作品中最左边的位置上。

弗雷德里克·巴奇耶高挑的身材曾使他成为其印象派画家伙伴的素材。作家爱弥尔·左拉形容他"金发,高挑,高贵",并且称赞他"拥有年轻人所有的高尚品质:信仰、忠诚、优雅"。毕沙罗则称他为"我们中最有天赋的画家之一"。

琼·弗雷德里克·巴奇耶出身于一个富有的靠做酒生意起家的新教徒家庭。家里姐妹很多。家中的一位朋友——艺术品收藏家艾尔弗雷德·布鲁亚斯激发起这位年轻人对绘画的兴趣。然而,巴奇耶的家人却希望他能成为一位医生。1859年,巴奇耶开始在蒙彼利埃学医,但是他对医学全然没有兴趣,并且越来越不开心。1862年,巴奇耶的家人终于做出了让步:允许他在巴黎学医的同时学习绘画。他随即求学于查尔斯·格雷尔画室。

巴奇耶热情开朗。他结识了几位与他志同道合的同学——西斯莱、莫奈、雷诺阿。他们开始露天绘画。从前画家们即使在室外勾画了草图,也被要求回到画室里完成作品。而还有一些人认为,绘画作品必须反映现实,要达到这一目的,只能在户外完成绘画。这些画家遭到了艺术权威的批判。1863年5月,巴奇耶和莫奈前往巴黎郊外的枫丹白露森林。巴奇耶写道:"我和我的好友莫奈在一起,他非常擅长风景画并给予了我很多建议……森林真的是太美了。"

绘画占用了巴奇耶的大部分时间,他的学业因此受到影响。1864年4月,在结束了与好友莫奈同去诺曼底安福勒尔的绘画旅程之后,巴奇耶得知自己的医学考试没有通过。在家人的支持下,巴奇耶决定潜心于绘画事业。他衣食无忧,并经常能资助他的印象派画家朋友。例如在1865年,他邀请莫奈和他共用一个画室。1866年,巴奇耶向沙龙提交了两幅画,其中的一幅为《弹钢琴的女孩》。巴奇耶说道,"我选择了一个现代主题……这就是我被拒绝了的原因"。毋庸置疑,巴奇耶的画遭到了否定。而他的第二幅作品——一幅正统的静物写生却被接纳了。

1867年1月,巴奇耶和雷诺阿在维斯孔第街租下了一间画室。9月份的时候,莫奈也搬了过去。同年,沙龙拒绝了莫奈的《花园里的女人》。巴奇耶以每个月50法郎的分期付款方法出资

2.500法郎购买了那幅画。

1868年，巴奇耶和雷诺阿搬到了盖布瓦咖啡馆附近，激进的艺术家们常在这个咖啡馆里聚会。1869年，沙龙接受了巴奇耶最好的作品之一《乡村景象》。1870年，《夏日景象》和《洗浴者》均被展出。胜利仿佛已经在向他招手："我很高兴……每个人都在谈论我的画。"然而，就在6月份，法国向普鲁士宣战。巴奇耶加入了法国轻骑兵。

同年11月，在卢瓦雷的博纳拉罗朗德的一次小冲突中，一名普鲁士的狙击手开枪射杀了弗雷德里克·巴奇耶。

古斯塔夫·卡勒波特（Gustave Caillebotte）1848~1894

- 1848年8月19日生于巴黎
- 1894年2月21日在巴黎附近的小热纳维耶斯逝世

主要作品

《刨地板的工人》（1875年）　《欧洲大桥》（1876年）　《雨中巴黎的街道》（1877年）

《自画像》（1892年）

★《刨地板的工人》，古斯塔夫·卡勒波特（1875年）

卡勒波特著名的作品大都是对城市生活极好的宣判。他是少数几位描绘工人工作场景的画家之一。

很多年以来，古斯塔夫·卡勒波特一直是一位“杰出而又默默无闻”的印象派画家。直到近几年，他那令人惊叹不已的创作才能才被世人所认可。1848年卡勒波特出生于巴黎，成长于巴黎郊外的小热纳维耶斯。他的父亲靠给法国军方提供棉被褥而发迹。1873年他的父亲去世时，给卡勒波特和他的弟弟马蒂尔、勒内留下了一笔丰厚的遗产。同年，卡勒波特求学于法国高等美术学院。

卡勒波特爱好广泛。在他从事艺术之前，学习过工程和造船。他还曾是一名狂热的划船爱好者，参加过游艇比赛。除此之外，他也是一名热心的园丁。

卡勒波特在船舶方面的知识使他结交了莫奈，他还帮莫奈建造了一艘船上画室。雷诺阿与卡勒波特在船舶方面兴趣相投，他们经常一起在塞纳河上泛舟。雷诺阿甚至把卡勒波特绘入了其作品《游艇上的午餐》。卡勒波特也把自己对园艺的热情传染给了莫奈——园艺后来成为莫奈绘画的主题。

卡勒波特在1876年举办的第二届印象派作品展览会上展出了自己的若干作品。一直到1882年，他一直向印象派画展递交作品。同时，他还参与组织这些活动，并且利用他的外交才能缓和各种矛盾。卡勒波特的绘画作品记录了借助现代城市发展而兴起的社会各阶层的生活状态。他对城市的中产阶级尤其感兴趣。卡勒波特常有自己独到的见解，对富有戏剧性的透视画法特别着迷。

★《自画像》，古斯塔夫·卡勒波特（1892年）

作品完成于他去世的前两年，自画像昭示了卡勒波特患病将死的征兆。

到了19世纪80年代中期，卡勒波特很

少参与画展，原因之一是争论导致的派系划分。他的绘画风格已然超越了印象主义，并且激励了很多后来的新印象派画家。

然而，他仍与很多印象派画家保持着友谊，还大力资助他们，花高价收购他们的作品。1889年，他买下了马奈的《奥林匹亚》，将其捐赠给了国家。1890年到1894年期间，他参加每月举行的“印象派画家餐会”。在那里，他和雷诺阿常常激烈争吵。雷诺阿喜欢奚落卡勒波特，把卡勒波特气得满脸通红。但争吵归争吵，两个人的友谊牢不可破。

卡勒波特一生未婚。他和弟弟马蒂尔关系亲密，俩人同住在小热纳维耶的一间房子里，直到1887年马蒂尔结婚。卡勒波特还曾与夏洛特·伯莎尔同住在这所房子里，他称她是自己的“管家婆”。关于伯莎尔，人们知之甚少，但她和卡勒波特很有可能是情侣关系。卡勒波特死后，把房子和财产都留给了她。

卡勒波特在其短暂的一生中从未停止过收藏绘画作品和展览作品。他于1894年2月21日去逝，当时只有45岁，死因是一种称为“肺部充血”的病——很有可能就是肺结核。

玛丽·卡萨特（Mary Cassatt）1844~1926

- 1844年5月22日出生于美国宾夕法尼亚州的阿勒格尼城（现属于匹兹堡城）
- 1926年6月19日在法国巴黎逝世

主要作品

《坐在蓝色扶椅上的小女孩》（1878年）

《驾着马车的女人和小女孩》（1879年）

《洗澡》（1880年）

★《手持照片而坐的玛丽·卡萨特》，埃德加·德加（1884年）

埃德加·德加使卡萨特在他的很多油画和铜版画作品里不朽，同时他也深深地影响了卡萨特。

1844年，玛丽·卡萨特出生在一个富有的银行家庭，父亲叫罗伯特·卡萨特。她的母亲凯瑟琳受过很好的教育，并能说一口流利的法语。卡萨特和她的妹妹莉迪娅很要好。卡萨特喜欢关注日常生活中的现代女性，这使她成为了一位印象派画家。

1850年到1855年期间，卡萨特一家为期5年的欧洲之旅激发了她对绘画艺术的热情。她在十几岁的时候开始自学绘画，1861年到1865年期间，她在宾夕法尼亚州美术学院学习。尽管父亲支持她学习绘画，但是却反对她成为一名画家，因为他觉得对女孩子而言这不是什么好职业。但是，卡萨特意志坚决、个性独立，令她的爸爸很快就做出了让步。1866年，卡萨特回到了法国。她加入了查理·卓别林专为女性画家开办的画室。她还在卢浮宫临摹传统大师的经典作品。1868年的沙龙接纳了她的一幅作品。

1870年普法战争爆发后，卡萨特匆匆回到了宾夕法尼亚州。1872年，她重返欧洲。在1874年到达巴黎之前，她沿途参观了意大利、西班牙、荷兰等国家的博物馆。她愈发对正统的画风不满，同时却又与印象派保持着距离。然而，在接下来的几年当中，她接触到了德加的作品，她声称是德加的作品改变了她的人生。她依旧向沙龙提交自己的作品，但是在1875年，她的一幅作品遭到了沙龙的拒绝，后来她只是简单地将背景转变为深色调后作品就又被沙龙接受了，卡萨特开始清醒过来。

1877年，在卡萨特的作品又一次被沙龙拒之门外之后，一位朋友将德加带到了卡萨特的画室。他们结为朋友并建立了深厚的友谊。他邀请她加入印象派画家的行列。"我欣然接受了。从此我可以完全独立地创作，同时再也不用评审委员会的最终裁判了。"

那一年，卡萨特的父母和她的妹妹莉迪娅移居巴黎。莉迪娅成为卡萨特最喜爱的模特。家庭

★《驾着马车的女人和小女孩》，玛丽·卡萨特（1879年）

莉迪娅·卡萨特驾着马车，身边是德加的侄女奥迪尔·费夫尔。有趣的是画面上两个人严肃的表情——女人看上去有些紧张，而孩子仿佛若有所思。

生活——尤其是母亲和孩子的题材——成为卡萨特绘画的最重要的主题。然而，她的作品也流露出忧郁的寂寞感，反映出那个时代里女性缺少机遇的郁郁寡欢。1882年莉迪娅的去世使卡萨特伤心万分。卡萨特在1879年、1880年和1881年这三年的印象派画展中均有作品展出。她还参与组织了1886年举办的最后一届印象派画展。她的作品受到了广泛的好评。

后来的卡萨特开始尝试版画——在金属印花板上制作图画。1891年，她展出了受日本风格影响的版画。在1893年芝加哥举办的哥伦比亚世界画展上她为妇女大厦创作了一幅壁画，主题为“现代女性”。

卡萨特的父亲逝世于1891年，4年后她的母亲也去世了。母亲留给她的遗产足够她买下巴黎近郊的德·贝浮斯内城堡。1898年，她第一次游览了美国。1900年，卡萨特的视力开始恶化，但她于1911年做的切除白内障的手术宣告失败了。1914年以后，她不得不停止绘画。她开始帮助好友路易斯维尔·哈弗玫尔和她的丈夫H·O·哈弗玫尔修建著名的艺术收藏馆。

1926年6月19日，玛丽·卡萨特逝世于贝浮斯内城堡。她终生未嫁，没有子女——尽管她和德加的关系一直盛有谣传。

保罗·塞尚（Paul Cézanne）1839~1906

• 1839年1月19日生于法国普罗旺斯埃克斯

• 1906年10月22日在普罗旺斯埃克斯逝世

主要作品

《迦谢医生在奥维尔的家》（1873年）

《维克多·乔可奎的画像》（1875~1887年）

《静物：高脚果盘》（1879年~1980年）

★玛丽·卡萨特这样回忆初见塞尚时的情形："当我第一次见到他时，他看起来像个杀手……后来我发现，他的性格极其温文尔雅。"

尽管是著名的后印象派画家，但保罗·塞尚在他一生的一小段时期内也为印象派做出了重要的贡献。他是路易斯·奥古斯特·塞尚的长子——路易斯从前是帽商，后来成为一名功的银行家。塞尚有两个妹妹——玛丽和罗丝。母亲伊丽莎白·奥博特像那时大多数中产阶级家庭的妇女一样，是全职的家庭主妇。塞尚小时候性格温和，但性情却有些喜怒无常。在学校里他是个好学生，数学、拉丁语和希腊语的成绩优异。他最早热衷于写作和诗歌。他在学校时的朋友之一是年少的爱弥尔·左拉。塞尚常常和左拉在乡间小路上散步，并开始用绘画记录下自己的生活。

塞尚通过高中毕业会考后，顺从父亲的意愿，开始打理家族生意。他花了3年时间学习法律，一旦有闲暇时间，他就在埃克斯美术博物馆临摹传统大师的经典绘画作品。他试图说服父亲同意他学习绘画。1861年4月，当亲眼目睹被塞尚的画装饰过的家以后，父亲终于做出了让步。

塞尚来到了巴黎，随即发现那里的绘画艺术抵制新的思想，并总是在追逐过去。他受到势利的巴黎同学的排挤。在失望之下，他终止了绘画，并在同年的秋天返回了家乡。他在父亲的银行里谋了份职业，但是转年他又重拾画笔。1862年他重返巴黎，求学于瑞士学院。就是在这里，卡米尔·毕沙罗注意到了这个带有些粗俗的行为举止和外省口音的学生。其他的同学都因此而取笑他，只有毕沙罗赏识他的才能并一直鼓励他。

塞尚经常光顾盖布瓦咖啡馆，在那里，他结识了很多印象派先锋画家，包括马奈和雷诺阿在内。塞尚因不修边幅的外表和骇人的举止而声名狼藉。尽管如此，他在巴黎和普罗旺斯的埃克斯度过的许多个春夏秋冬里始终笔耕不辍。

1870年，塞尚向沙龙递交了自己的两幅油画作品，在此之前，他向沙龙提交的作品从来没有

★《迦谢医生在奥维尔的家》，保罗·塞尚（1873年）

塞尚的这幅作品归功于毕沙罗对他的影响。毕沙罗谈到塞尚时曾说："如果他能够在奥维尔多呆一阵子的话，他会让那些盲目对他做出声讨的批评家们大吃一惊。"

被接纳过，这一次，他的作品再次被拒之门外。只是，这一次他还被新闻媒体嘲笑为"无知的普罗旺斯人"。他对外界的回应是他将不再为了取悦沙龙的那些评审委员们而妥协，并且宣布他还要继续画他所想，画他所见。

年末的时候，他为了躲避参加普法战争逃到了马塞附近的莱斯塔克。随行的还有他的模特奥尔唐丝·菲凯。二人于1871年底回到了巴黎，随即在1872年的1月有了他们的儿子，也取名为保罗。他们的家就安在奥维尔附近，而此时，毕沙罗开始引导塞尚向风景画方向发展。塞尚称毕沙罗和他亲如父子。

塞尚在1874年和1877年的印象派画展中展出了自己的作品，但批评界总是对他充满了敌意，并声称他们看不懂他的作品。19世纪70年代后期，塞尚时常哀叹自己同雷诺阿、毕沙罗及莫奈相比得不到大众的认可。

1886年4月，在父亲离世前，塞尚与奥尔唐丝成婚。他在巴黎和埃克斯之间奔波，帮忙照顾他年迈的母亲。1895年，一位名叫安博洛伊斯·沃拉德的画商展出了塞尚的作品。这次的画展取得了成功，塞尚的名声不径而走。

1906年，塞尚在外出写生时遇到了暴风雨，他晕倒在路边。后来，他被诊断为患有肺炎，但仍坚持外出写生。他的身体状况持续恶化，最终于1906年10月22日离开了人世。

埃德加·德加（Edgar Degas）1834~1917

- 1834年7月19日生于法国巴黎
- 1917年9月27日在巴黎逝世

主要作品

《少女头像》（1867年）　《新奥尔良的棉花交易所》（1873年）

《芭蕾排练》（1873年~1874年）　《苦艾酒馆》（1875年~1876年）

《在法兰多杂技团表演的拉拉小姐》（1879年）

埃德加·德加的父亲奥古斯特·德加，是一位有着意大利贵族血统的巴黎银行家。家里开着一家银行，在巴黎和意大利的那不勒斯均有分行。德加的母亲是在美国新奥尔良出生的有着法国血统的混血儿。她16岁结婚，之后一直在家抚养孩子。在她生下第七个孩子时死于难产，当时小德加只有13岁。德加的童年生活虽然忧伤，却也不乏乐趣。他的父亲是一位艺术收藏家，在儿子童年时就激发了他对绘画的兴趣。德加还观赏了家中挚友收集的画作，他对法国画家安格尔的大作印象尤为深刻。他开始给家人画像。他的父亲鼓励他发展自己的艺术天分。

德加11岁时进入了法国最有声望的寄宿学校——巴黎的路易大帝高中。这所学校要求严格，并且以不教授任何艺术课程为荣。德加在1853年通过高中毕业会考后，按照父亲的意愿学习了法律。但是不到一年他就放弃了，立志成为一名画家。在一次家庭争吵后，他离家出走，寄住在一处小阁楼上。他的父亲被其诚挚所打动，同意他学习绘画，并且在认识到了儿子从事艺术的决心和天赋后，他开始鼓励并支持儿子。

1853年，德加在安格尔的学生路易斯·拉莫特的画室求学。在那里学习的一年中，他更加崇拜安格尔。德加只见过安格尔一次，得到的建议是："画线条，年轻人，大量地画线条。"同年，德加还求学于法国高等美术学院。

但德加大部分的时间是自学。他曾在卢浮宫中临摹数月，并在以后的数年中经常到卢浮宫去观摩。1856年他放弃了学业，在意大利住了3年。在亲戚们的热情帮助下，他参观了那不勒斯、罗马和佛罗伦萨的多家博物馆，在那里临摹作品，给亲戚们画像，与艺术家们讨论绘画。

德加于1859年回到巴黎，在蕾夫人画室继续"自学"。当时，德加主要的兴趣在于肖像画和经典主题绘画。但在1862年，他在卢浮宫遇见了爱德华·马奈，从此开始了两人之间又爱又恨的

★*《新奥尔良的棉花交易所》*，埃德加·德加（1873年）

就像是相机捕捉的一瞬间，这幅画完美地融合了德加从马奈那里学到的技巧和他自己独特的绘画才能。画作描绘了当时社会的现实场景，展现了细致和娴熟的绘画技巧。

关系。马奈劝说德加以现代生活和身边的人物作为绘画主题。

德加得到了沙龙评委的赏识，从1865年开始作品就被他们接纳。1869年他的作品《Mme G.的肖像画》展出，被贝尔特·莫里索评价为“丑女人的漂亮画像”。但是，沙龙评委对“好艺术”的看法过于狭隘，这使德加产生了不满。

普法战争期间，德加参加了国家护卫队，1871年普鲁士围攻期间，他曾在巴黎作战，城市沦陷后，他离开了巴黎。1872年10月，德加来到了新奥尔良。在美国的日子虽然很快乐，他却万分思念法国。在给朋友的信中，他这样写道：“这里的一切都很美好，但对于像我这样热爱家乡的巴黎人来说，巴黎任何一个赤着双臂的洗衣女孩都会超过这里的一切美景。”

尽管德加有些高傲和尖酸刻薄，但他的名气却越来越大。作家爱德蒙·德·龚古尔说他是“一

★ *《芭蕾舞剧场的休息室》*，*埃德加·德加（1872年）*

芭蕾舞因德加而呈现出持久的魅力——他的很多画和雕塑都以此为主题，他一生中有半数作品与芭蕾有关。

个奇特的画家——奇怪、神经质、体弱多病，视力很差——德加总担心自己会瞎掉。”但他认识到，德加是当代的伟大画家：“他是我见过的最能把握当代生活精神实质的人。”德加参加音乐会，观看杂技表演，每周还观看三次芭蕾演出——德加的作品有一半是以芭蕾为主题的。演员精湛的表演和华丽的服饰令他着迷，他对同时代的人说：“你们需要的是自然的生活，而我，需要的是人造的生活。”

1870年以后，德加不再向沙龙提交作品，还抨击那些继续提交作品的人。1874年他还参与筹备了独立于沙龙之外的印象派画展。

德加的父亲1873年在那不勒斯因公殉职。1876年6月，第二届印象派画展刚刚结束，德加就到那不勒斯和家人讨论家里公司的财政状况，结果很不妙——由于他的兄弟雷内经营不善，公司已经负债累累。8月，极度高傲的德加认为自己应承担债务的责任，他卖掉了自己收藏的艺术珍品，以避免破产。德加自始至终不情愿卖掉自己的画，总是认为还没有画完，有时他又把卖掉的画拿回来继续画。据传，当时有收藏家把他的画用链子拴在墙上，防止被他拿走！可是，德加的经济状况迫使他不得不极不情愿地卖掉自己的画作。到1877年1月，德加攒了20，000法郎，全还给了安特卫普银行。

1877年4月，印象派举行第三届画展，德加有一个专门的展室。评论家都对他称赞有加。虽然印象派画家们想把自己塑造成一个有连贯性艺术风格的流派，但事实上，竞争却更加激励了。德加试图阻止画展被称作“印象派博览会”。他自诩为现实主义者，喜欢在备好很多草图和水彩后在人造光源下作画。他不喜欢在户外作画，曾评价说：“警察应该开枪打掉那些把乡村弄得乱糟糟的画架。”

虽然得到评论家的赞扬，德加的经济状况仍不稳定。他郁闷地给朋友写信：“独自一人离开家人生活真是太艰难了。我在这儿孤独地老去，身无分文。我活得真是太失败了！”1877年，他的一个挚友把他介绍给玛丽·卡萨特。俩人的关系随即亲密起来。传说他们曾相爱——一些人认为卡萨特很想嫁给德加，但德加却终生未婚。

1878年，卡萨特的美国朋友路易斯·沃顿·艾尔德把德加的作品《芭蕾排练》借给了美国水彩画协会。这是德加在美国展出的第一幅作品，获得了一致好评。法国南部的波城博物馆买下了他的《新奥尔良的棉花交易所》，这是他第一幅成为公共展品的作品。德加赚的钱开始多了起

★*《在法兰多杂技团表演的拉拉小姐》*，埃德加·德加（1879年）

德加观看了巴黎著名的法兰多杂技团的演出之后，创作了好几幅作品。这幅画是第四届印象派画展最受好评的作品之一。

★*晚年的埃德加·德加。第一次世界大战期间，战争逼近城市，德加盲目地行走在巴黎街头。1914年当安全受到威胁时，他仍固执地拒绝离开自己热爱的城市。*

来。同年，他得知美国摄影家伊韦尔德·迈布吉用相机捕捉动物和人类的运动。德加将摄影称为“神奇的瞬间”。后来，他还将摄影作品作为绘画的基础，并将其本身视为艺术品。他买了迈布吉的动物动态摄影集，他有好几幅马的作品就是以其为蓝本的。

1879年4月，印象派举行第四届画展，德加展出了29幅作品。在这次画展中，他的影响力更大了。他坚持在画展标题中不应强调“印象派”，同时，画展应该收录更多女性画家的作品，这其中也包括了卡萨特。于是，画展的标题被定为“一群独立艺术家的作品”，并获得了商业上的成功。但评论界认为印象派画展最终成为了一次单一的统一行动。“你被邀请参加的是印象派的葬礼”，有人这样写道。

德加很难与人相处。一名记者称他"好斗，易激动"。刚刚开始艺术创作的保罗·高更亲眼目睹了德加试图强制执行自己的一些想法，他说："德加的坏脾气会毁了一切。"自称为德加学生的卡勒波特厌倦了他的固执和坏脾气。因为德加，雷诺阿、西斯莱、塞尚和莫奈均没有参加1880年的画展，卡勒波特指责他"造成了我们之间的矛盾冲突"。然而，在1882年的第七次印象派画展中，德加被排挤在外，其他人都重回画展。

其实德加很和善。当评论家埃德蒙·迪朗蒂去世后，德加组织卖画资助他的恋人。他还曾为贝尔特·莫里索的孤女朱莉·马内做媒。

从1870年开始，德加一直在与不断退化的视力做斗争。虽然直到逝世前5年，他一直在工作，但这却影响了他的绘画风格。在他的艺术生涯中，他曾经用过油漆涂料、彩色蜡笔和各种各样的印刷技巧。随着视力的退化，他开始弃用油漆涂料，转而几乎无一例外地使用彩色蜡笔。到19世纪90年代，他也开始使用摄影技术，一方面为了塑造形象，另一方面也为了使自己能够继续作画。他还经常创作一些雕像。在第六次印象派画展时，他展出了一尊与真人同样大小的蜡像——《14岁的小舞蹈家》（1879年~1881年）——当他再也不能使用彩色蜡笔的时候，他开始全心投入了雕像制作。他也写过诗。

德加越来越郁闷。1884年，时年50岁的他写道："我以前总以为自己有很多时间。我还有很多事情没做……我从来没有放弃过快乐度过每一天的愿望。我把所有的计划都储藏在一个碗橱里，我天天带着那钥匙，可现在，钥匙却丢了。"德加开始远离世人。他指责莫奈向沙龙提交作品并接受荣誉和赞扬。高更写信给毕沙罗时这样说道："德加严重破坏了我们的行动……好在艺术并没有受到影响……德加将比别人更痛苦地结束生命。"

1886年，德加组织了第八次，也是最后一次印象派画展。几乎所有原来的印象派画家都没有参加。令人震惊的是，德加展出了一系列裸体女人洗浴图。同时，画商杜兰特-茹尔在纽约也举办了一次印象派画展，其中包含了23幅德加的作品，作品被人们称赞为“具有生活的智慧”。

德加鼓励新生代画家，包括高更、乔治·修拉和保罗·西涅克，但自己却越来越孤独。他不再参加“印象派画家餐会”，在巴黎过着与世隔绝的生活。他的生活被毁掉的友谊弄得乱七八糟，“我和整个世界吵架，也和我自己吵架”。在20世纪90年代爆发的德莱弗斯案件中，一个无辜的犹太军官因向德军泄露秘密而被判入狱。德加开始激烈地反对犹太人。毕沙罗是犹太人，因此遭受了德加的抨击，二人最终反目成仇。1898年，德加回到了圣瓦勒利——年幼时，父母曾带他去过那里。在几乎失明的情况下，他完成了自己最后一幅风景画。

德加赚了很多钱。他收藏了安格尔、德拉克洛瓦、马奈、毕沙罗、卡萨特、莫里索、高更和凡·高的作品。然而，在生命的最后阶段他与世隔绝——不能画画，空拥有众多大师的杰作，却根本看不见，也无法欣赏。1917年9月27日，他猝死于巴黎的家中。雷诺阿这样写道：“对于他而言，这是最好的结果——任何一种死亡都比他活着时过的日子要好。”

恰尔德·哈萨姆（Childe Hassam）1859~1935

- 1859年10月17日生于美国临近波士顿的多尔切斯特
- 1935年8月27日在美国纽约的东汉普顿逝世

主要作品

《雨中波士顿的哥伦布大街》（1885年）

《曼哈顿雾中日落》（1911年）

《1917年4月清晨的第五大道》（1917年）

《格洛斯特的教堂》（1918年）

★晚年时期的哈萨姆艺术观点更趋于保守。1913年2月，在纽约盔甲博览会（即盔甲展）举办的国际现代艺术展览会上，他谴责了欧洲先锋派的作品。

弗雷德里克·恰尔德·哈萨姆1859年出生于美国麻省的多尔切斯特。年轻的时候他就开始使用"恰尔德"这个名字，因为与他所喜欢的一位叔叔同名，并用F·恰尔德·哈萨姆签名。他的家人与艺术界有渊源：他的母亲是小说家纳撒尼尔·霍桑的后裔。他家在临近波士顿的地方经营着一家五金店。然而，1872年的一场大火将生意毁于一旦。当家庭经济捉襟见肘时，哈萨姆在波士顿出版商立特-布朗公司的会计处谋到了职位。

年少时的哈萨姆即表现出了对艺术的兴趣与天赋。他公司的主管劝他学习木雕。学徒期满后他成为了一名自由作家和杂志的插图画家。这使他得以维持生计并能够在晚上的时候到波士顿艺术俱乐部听艺术课。接着，他到豪威尔研究所学习，1882年又返回波士顿艺术俱乐部。他开始在波士顿城里和四郊卖画，并在去邻近的格洛斯特的途中卖掉了很多幅水彩画。深受鼓舞后，他全身心地投入到绘画中。

1883年哈萨姆第一次去欧洲，第一站停靠在伦敦。在那里，他被英国画家约瑟夫·特纳的作品深深地吸引住了。在波士顿，他展出了自己在旅途中所绘的37幅水彩画，作品大卖。几个月后，他与毛德·多恩结为夫妻——此前他已经向她求婚了好一段日子。他们的婚姻持续了50年。

19世纪80年代，很多美国艺术家到欧洲旅行。美国作家亨利·詹姆士这样评价道："今天当我们寻找'美国艺术'的时候，我们发现大多数美国艺术在巴黎。即使我们在巴黎以外的地方发现了它，我们至少也会在其艺术中发觉巴黎的痕迹。"哈萨姆也不例外。他和妻子于1886年游览了巴黎。他被印象派所吸引并从中学习，还绘画了很多乡间的和城市的户外景色。他希望提高自己的油画技巧，并到法国的朱莉安学院学习。和德加一样，他坚持信奉绘画技巧和线条的重要性。

★《曼哈顿雾中日落》，恰尔德·哈萨姆（1911年）

哈萨姆以描绘纽约的城市风景而出名。在这幅画中，他利用天边的轮廓创造出一种大胆而又抽象的构思。而这种天边的轮廓被参观者称为"世界上的第八大奇观"。

哈萨姆于1889年回到了美国并定居在纽约。印象派已经风靡一时，哈萨姆的绘画风格使他成为美国新兴印象派的中心人物。他画过很多新英格兰田间的风景，却以描绘纽约城市风景出名。

1898年一些艺术家对美国国家设计学院一年一度的画展表示不满，并辞去那里的工作，组成了他们自己的团体，这就是"十人画展"。哈萨姆便是其中的一个。其实这个策略只是想引起公众对画展的注意。"十人画展"一起展览作品长达20年之久。

第一次世界大战期间，哈萨姆绘制了很多幅受人欢迎的爱国作品。《1917年4月清晨的第五大道》被视为其印象派风格的颠峰之作。晚年的时候，哈萨姆重新恢复了自己对版画的兴趣。"我的事业以绘画开始，也将以绘画结束。"1935年8月27日在纽约的家中，哈萨姆死于慢性疾病。

爱德华·马奈（Édouard Manet）1832~1883

- 1832年1月23日生于巴黎
- 1883年4月30日在巴黎逝世

主要作品

《弹吉他的西班牙歌手》(1861年)　《草地上的野餐》(1863年)　《奥林匹亚》(1863年)

《枪杀皇帝马克西米连》(1868年9月)　《一杯好啤酒》(1873年)

《费里·贝舍尔的酒吧间》　(1881年~1882年)

爱德华·马奈是富有的司法部成员奥古斯特·马奈的儿子。他的母亲名叫安吉妮·戴斯丽。马奈曾就读于瓦内加的阿比朴立鲁普学校，从12岁起，就寄宿在罗林学院。他父亲希望他学习法律，可是马奈的学习成绩并不理想——他不得不在学校多呆了一年。他显示出绘画的天赋，并且在16岁的时候宣布自己要成为一名艺术家。他的家人十分惊恐，马上把他送入了海军学校。然而，马奈独自航行去了巴西，这使他家人的阻挠失败了。旅途中，马奈满眼只有蓝天和大海，百无聊赖，还时不时伴随着晕船。马奈被人请去给奶酪的外包装上色，而他所用的涂料却导致巴西铅中毒的爆发。他在里约热内卢感染了梅毒——这个病最终夺去了他的生命。

1850年，马奈求学于托马斯·柯特尔画室，并在那里呆了6年。在此期间，他临摹的是卢浮宫内西班牙画家维拉奎斯和戈雅的作品。他还去了荷兰、德国、奥地利和意大利的博物馆。1851年，马奈在荷兰遇到了一位音乐教师苏珊妮·林赫夫。他们在1852年生了一个儿子，取名里恩。马奈对这件事缄口不言，生怕他父亲不同意他与一个社会底层的女子在一起而断了他的生活费。直到1863年，马奈的父亲死后，他才得以与苏珊妮结婚。

1861年，沙龙接受了马奈的两幅作品。但是在1863年的时候，他们拒绝了《草地上的野餐》——后来这幅画成了“落选作品沙龙”的力作：一个裸体女人坐在两个衣着体面的男人中间——马奈的这幅画在某些人看来是成功的画作，而对于另外一些人来说却是色情。另一幅被沙龙接纳的裸体画是他在1865年创作的《奥林匹亚》，该画也引起了众多争议：它是以提香的一

★《枪杀皇帝马克西米连》，爱德华·马奈（1868年~1869年）

这幅画经常被看作是马奈共和主义思想的写照。1868年，法国侵略了墨西哥，并让奥地利统治者的弟弟马克西米连做了墨西哥的皇帝。后来墨西哥人民进行了反抗，法国人遗弃了马克西米连，导致他被处死。和其他人一样，马奈斥责法国国王拿破仑三世的惨败。为了强调他的观点，画中的火枪队都穿着法国兵的制服。

幅画为基础的，被马奈赋予了现代气息，这使画中的人物看起来像一个妓女。裸体仿佛只有放在年代久远的背景下——在"原始人"的时代——才能够被人们所接受。马奈重新诠释了古典思想，将裸体置身于"此时此地"。

许多年轻的画家，如巴奇耶、莫奈、德加、雷诺阿、毕沙罗和塞尚，在盖尔波瓦咖啡馆里与马奈聚会。他富有魅力、风趣幽默又极具吸引力。在左翼报纸杂志中，作家爱弥尔·左拉称赞马奈是一个敏感而善良的人。马奈很有影响力，在1868年的沙龙中，评论家认为雷诺阿的《撑阳伞的丽丝》模仿了马奈的风格。许多人认为马奈有一些激进的观点。艺术史学家伯纳德把他称作是"一个上流社会的共和主义者"，想要把帝国主义变为共和主义。然而马奈享受着他所在的阶级带来的特权，并寻求官方的认可。他写道："马奈先生不想推翻旧的绘画方法。"他从来不以印象派画家自居，而是用他的肖像画技巧去取悦有影响力的人。德加说："马奈只有一个野心，就是出名和

伊娃·冈萨雷斯（Eva Gonzalès）

1849年5月5日，伊娃·冈萨雷斯出生在摩纳哥的一个贵族家庭。她是一个多产的画家：她在1885年的个人作品回顾展上展出了自己的85幅作品。1867年，她在巴黎求学于查理·卓别林画室。1869年她遇到了马奈，马奈请她做模特。她要求马奈以给她上艺术课作为她当模特的条件。这让她父亲很震惊，因为他认为对于女性来说，艺术是一个不正当的职业。

冈萨雷斯把自己的作品《小士兵》（1870年）交给了沙龙。这幅画是以马奈的一幅作品为基础创作的。普法战争期间她住在迪耶普，受到官方的保护。她不断地把作品提交给沙龙——尽管这些作品经常被退回来。她没有参加过印象派画展。她的模特通常是她身边的人，尤其以她的姐姐珍妮和丈夫亨利·杰拉得居多。

1883年，在她的第一个孩子出生5天后，伊娃·冈萨雷斯死于血管阻塞，年仅34岁。

赚钱。”

1869年，马奈解决了一个困扰着他朋友的问题——如何把一个瞬间快速地呈现在油画布上。他在法国海滨城市布洛涅度过了一个夏天，完成了几幅作品。这些作品都是表现事物发生瞬间的形态。他后来说：“人们所要描绘的并不是一个景观、一片海景或是一个人物，而是一天中的某一个小时。”马奈的脾气很暴躁。1870年，他与一个叫作埃德蒙·迪朗蒂的艺术评论家决斗。一

★爱德华·马奈在他的年代里是最臭名昭著的画家。因为他的绘画主题，诸如现代背景中的裸体，对共和主义满怀同情心的作品，随意的肖像画……无一不让艺术权威深恶痛绝。但他是年轻一代艺术家中的英雄，对印象派有着深远的影响。

个目击者说："马奈和迪朗蒂全然不顾击剑的章法，而是用蛮力互相殴打……他们的剑仿佛是瓶塞钻。"迪朗蒂受了点轻伤，但在几个小时之后他们又和好如初！马奈和德加经常争论。德加讽刺马奈的笔法总是有"模仿大画家的痕迹"。马奈时刻提醒德加是自己在鼓励他描绘现代生活的。

1870年普法战争爆发，马奈把苏珊妮和里恩送到比利尼斯的奥洛龙-圣·玛利亚。在巴黎包围战中，他加入了国民警卫队。他和弟弟尤金拜访了贝特尔·莫里索。马奈喜欢战争，莫里索写道："在包围战期间马奈不停地换制服。"马奈还请画家伊娃·冈萨雷斯画下他穿制服的样子。

他把所经历的痛苦告诉了苏珊妮。9月份，他写道："我们一天只吃一顿肉。"11月份："马利的大肥猫被杀了，我们怀疑是屋里的某个人干的。这显然就是为了能吃上一顿。马利哭得很伤心！"1871年1月巴黎投降后，马奈前往比利尼斯。他回到巴黎的时候恰好目睹了政府对巴黎公社的镇压，他以一系列的蚀刻画来表达他对巴黎公社的同情。

马奈从战后开始财运亨通，他把作品卖给艺术品经销商保罗·杜兰·鲁埃。他的作品《一杯好啤酒》在1873年的沙龙上好评如潮。因为深信艺术权威随时愿意接受他，他没有参加1874年印象派的画展。但是在1876年，他提交给沙龙的两幅作品均被退回。马奈还在自己的画室里举办了展览，吸引了4,000名观众，这说明了他当时已小有名气。

1877年马奈出现了运动共济失调的症状——一种与梅毒有关的严重疾病。1881年，沙龙授予马奈二等勋章，他还获得了荣誉骑士勋章。他抱怨说这个荣誉来得太晚了。到了1883年，马奈已经病入膏肓，他的左腿长了坏疽，在4月19日被截肢。他的名气让他的病成了公众关注的事件，每日公告牌就粘贴在他的家门外。4月30日，他在瑞尔——一个离巴黎很近的地方去世，享年51岁。

克劳德·莫奈（Claude Monet）1840~1926

- 1840年11月14日生于巴黎
- 1926年12月5日在法国诺曼底的吉维尼逝世

主要作品

《草地上的午餐》（1865年）　《卡米尔：穿绿裙子的女人》（1866年）

《泰晤士河和议会》（1871年）　《日出·印象》（1872年~1873年）

《干草堆》（1890年~1891年）　《鲁昂教堂西侧》（1892年）

《水百合》（1916年~1926年）

克劳德·莫奈是最著名的印象派画家。他1840年出生于巴黎。5岁时，全家搬到了勒阿弗尔。他的父亲是一个杂货批发商，为轮船提供设备和杂货。父母和老师都认为克劳德是个没规矩的孩子。他后来谈到学校时说："那简直就是一个监狱，我实在无法在那里呆下去了。"他只对艺术感兴趣，并因给老师画漫画而在学校小有名气。他以在当地海滩边为游客画肖像挣钱。

莫奈15岁时毕业，很快就有人向他预订漫画——他挣的钱比老师挣的都多。1858年，他遇到了当地的一位画家尤金·布丹。这位画家发现了年轻的莫奈的绘画天分，并鼓励他向绘画方面发展，特别是风景画和户外画。后来，莫奈称布丹"掀开了蒙在我眼前的面纱"。莫奈和父亲的关系很不好，他认为父亲想要毁了自己的艺术梦想。而事实上，父亲非常支持他的梦想，因为他认为这会使儿子逐渐变得规矩些。他让莫奈在巴黎学习。1859年，莫奈求学于一个死气沉沉的画室，浪费了很多时间。

莫奈的父亲认为自己应该干预的不是儿子的艺术追求而是儿子这种懒散的生活方式。像那个时代的其他年轻人一样，莫奈应履行义务去服兵役。有钱的父母通常会交一笔钱，免去儿子的兵役。但是除非莫奈改变这种闲散的生活方式，否则父亲就拒绝帮他付钱免去服兵役。莫奈则对此表现出一种超然的漠不关心的态度，居然签约去服7年的兵役！

1860年莫奈加入了法国驻阿尔及利亚的军团。两年后因患上伤寒症回家疗养。医生警告说如果他再返回军队可能会没命，于是莫奈的父亲决定让他离开部队。莫奈的姑妈提出，如果他愿意学习正规的艺术课程，那么自己可以帮助他，于是莫奈同意了。1862年11月，他求学于查尔斯·格雷尔画室，与同学雷诺阿、西斯莱和巴奇耶交上了朋友。因天性叛离，观点独特，莫奈成为他们中的领袖人物。虽然他不喜欢被人管教的感觉，他仍在那里呆了18个月，直到格雷尔的画室破

★克劳德·莫奈在其画作《水百合》前。莫奈晚年致力于完成这幅最后的，也是其最伟大的作品，用来庆祝法国的荣耀。

产。但是莫奈自称只在那里学习了一个月，并不承认曾师从于格雷尔。莫奈的倔强顽固仍然使在勒阿弗尔的家人感到失望，因此给他的生活费常常被削减。

1863年，莫奈和巴奇耶到枫丹白露森林露天作画。莫奈认为绘画，包括甚至肖像画，只有在自然光下绘制才逼真。1865年，莫奈首次向沙龙提交了自己的两幅海景画。评论家这样评价其中的一幅："莫奈，昨天还是默默无闻，而今天凭借这幅画一举成名。"而莫奈的画就在马奈的作品旁边，人们常常搞错而称赞马奈，马奈因此说："我因一幅不属于自己的画而白白得到表扬。"1866年，莫奈展出了作品《卡米尔：穿绿裙子的女人》，画中人物的原型是他的模特兼情人卡米

★《青蛙潭》，克劳德·莫奈（1869年）

没有做任何准备，莫奈和雷诺阿在拉格林奇列迅速完成了这幅作品。作品完美地表现了水波的闪耀，树丛中的光影和水面上卸货工人衣衫的清晰倒影。

尔·唐斯约，两人于1863年相遇。作家爱弥尔·左拉也赞扬了莫奈，这使得莫奈的家人大为高兴，因而继续为他支付生活费。

金钱问题一直困扰着莫奈。家里给的生活费不定期，他的房租、日常用品和吃饭的支出很多，作品也没有售出。1866年，莫奈跑到毛里求斯去躲债。同年末，卡米尔怀孕了。1867年7月，莫奈将这个消息告诉了家人，希望得到家里人的帮助。莫奈的父亲让他回家，但却坚持要把卡米尔留在巴黎。绝望中，莫奈去了勒阿弗尔。他们的儿子吉恩出生的时候，莫奈连买一张火车票的钱都没有，无法在卡米尔分娩时守候在她身边，但他终于在秋天的时候设法回到了巴黎，与卡米尔和吉恩团聚。他后来加入了巴奇耶和雷诺阿的画室。

1868年初，开年不利，莫奈和卡米尔穷得连煤都买不起了："我的绘画没有进展……世界一片灰暗……总是缺钱。"他们只好住在诺曼底的海边。他在给巴奇耶的信中这样写道："我终日呆在户外，在鹅卵石的海滩上，或者去乡村。到了晚上，我亲爱的朋友，我回到那个温暖舒适的小屋中。"他递交给沙龙的作品都被退了回来。莫奈于1869年在艺术上取得了突破性的成功，他和雷诺阿在塞纳河边的一家叫作拉格林奇列的餐馆兼洗浴馆进行创作。

1870年夏天，莫奈在勒阿弗尔和旅游胜地图维尔作画。同年6月，他与卡米尔结婚。当时他仍然是军队的后备成员，并且很有可能被召回，于是他借普法战争之际逃到了伦敦。卡米尔和吉恩仍留在家中，由布丹照顾。莫奈在伦敦和毕沙罗呆在一起，遇到了同来避难的画商保罗·杜兰特-茹尔，杜兰特-茹尔劝他继续绘画。莫奈在伦敦期间画了许多画，晚年还常常返回伦敦。在巴黎公社失败后，他返回了法国，和卡米尔定居在阿根图尔。虽然没有钱，他的名气却越来越大。

1873年，莫奈因不被社会认可而十分沮丧，他又提出了多年前和巴奇耶讨论过的想法，想要共同举办一个展览。1874年，这个愿望终于实现了，展览者可以展出自己喜欢的作品。在首次展览中，莫奈的画作《日出·印象》赋予了整个流派"印象派"的称号。

玛丽·布拉克蒙（Marie Bracquemond）

玛丽·奎威森·布拉克蒙生于1841年。年轻时她师从法国著名画家安格尔。1869年，她嫁给了菲利可斯·布拉克蒙——一个蚀刻师和版画复制匠。丈夫把妻子介绍给了印象派画家。布拉克蒙这样评价莫奈："他开阔了我的眼界，使我看到了更好的东西。"布拉克蒙开始描绘当代的生活，与印象派画家在1879年、1880年和1886年共同展出作品。菲利可斯开始嫉妒她的才能，很少向来访的客人展示她的作品——他们的儿子皮埃尔记录了她的艰难。布拉克蒙于1890年左右停止绘画。直到1916年在瑟威斯去世，她一直支持印象派。

1876年，莫奈和奥修德的妻子艾丽丝产生暧昧关系。两年后，奥修德破产。他在一次损失惨重的拍卖会上卖掉了自己的印象派画作，但只得到了很少的钱。艾丽丝带着6个孩子与莫奈一家住到了阿根图尔。1878年，卡米尔生下了他们的第二个儿子米开，产后身体一直不好。1879年她病重，莫奈典当了家产以支付医疗费。在给朋友的信中，莫奈写道："拜托你了，帮我找回典当掉的那个小盒子吧！那是我妻子唯一能保存的纪念品了，我想在她永远离开我之前，为她戴在脖子上。"1879年9月5日，卡米尔去世了。在她弥留之际，莫奈在画布上记录下了死亡最后的冲击："我发现自己在寻找颜色的变化，那是死亡在她毫无表情的脸上留下的颜色变化。"后来，莫奈将这种以纯艺术的角度去看待一切的行为比作"被磨盘奴役的动物"。

1880年，莫奈迫于一个画商的压力同意在沙龙展出自己的画，毕沙罗和德加因此大怒。受到杜兰特-茹尔的鼓励，莫奈开始举办个人画展并取得了很大成功，也因此赚到了更多的钱。而1880年之后，莫奈就再没向沙龙递交过任何作品，理由很简单——他已经不再需要他们了。

莫奈在国内的地位更加稳固。1881年，他和艾丽丝带着各自的孩子搬到了波西。（后来，在欧内斯特·奥修德死后，莫奈和艾丽丝在1891年结婚。）1883年，全家搬到了吉维尼，莫奈一直居住在那里，直到辞世。

有了金钱的保障，莫奈开始创作系列画作，即同一主题的一系列作品，根据作画的时间、环境条件和季节加以区别。很偶然的，19 世纪 70 年代，莫奈以伦敦雾中的威斯敏斯特大桥和笼罩在蒸汽中的巴黎圣·拉查火车站为主题，开始创作他的系列作品。"系列派"试图表现独立物体上时间的流逝轨迹，这成为他对艺术界最为独创的贡献。1891 年，他展出了一套 15 幅关于"干草堆"的

★《水百合》，克劳德·莫奈（1916年~1926年）

莫奈在吉维尼建了一座水中花园。在这里，莫奈创作了他最后的，也是被众人公认为是最杰出的系列画作《水百合》。

系列画作。他还先后完成了《克鲁斯的山谷》(1889 年),《阿匹特河岸的白杨树》(1891 年),《鲁昂教堂西侧》(1892 年)以及《泰晤士河》(1899 年~1903 年)等作品。贝尔特·莫里索 14 岁的女儿朱莉·马内这样回忆 1893 年他们到吉维尼拜访时的经历:"莫奈先生给我们看了他的系列作品《教堂》,共有26幅。这些画真是给我们上了绘画的重要一课。"然而,"系列派"也有自己的问题:1889年5月,莫奈给艾丽丝写信抱怨说,为了画出冬天的情景,他不得不雇用工人摘掉橡树的叶子。

1991年,艾丽丝去世了。此时莫奈已经年过70,由艾丽丝的一个女儿照顾——她嫁给了莫奈的长子吉恩。1914年,吉恩也去世了。这两个亲人的辞世给莫奈带来了很大的打击。

值得一提的是,有两件事给莫奈创作伟大的系列作品《水百合》带来了动力。1912年,莫奈患了白内障。他的视力退化,可能《水百合》就是他分辨色彩出现问题的一个反映。第一次世界大战也给了莫奈一个动机:他认为一幅不朽的作品可以为法国做出贡献,也可以树立自己的声望。受乔治·克列孟梭总理的委托,莫奈用12块巨大的画板记录了百合池中的光影变化。1921年,画作被决定悬挂在巴黎的橘园美术馆。1923年,莫奈做了白内障手术,得以继续工作。他一直在绘制《水百合》,直到1926年12月5日与世长辞,享年86岁。

贝特尔·莫里索（Berthe Morisot）1841~1895

- 1841年1月14日生于法国中部布尔吉
- 1895年3月2日在巴黎逝世

主要作品

《艺术家的母亲和妹妹》（1870年）

《摇篮》（1872年）　《穿白衣的女人》（1876年）

《尤金和他的女儿在布尔吉瓦》（1881年）

★《手持紫罗兰的贝尔特·莫里索》，爱德华·马奈（1872年）

虽然相对来说，印象派画家对女性更加宽容，但是，莫里索有的时候是以绘画模特的身份出名，而不是以画家身份出名的。

贝特尔·莫里索是布尔吉市市长艾得米-提布鲁斯·莫里索的三女儿。19世纪的画家福拉哥纳尔是她妈妈的远房亲戚。她的童年生活几乎不为人所知，人们只知道她在一个文化氛围浓厚的环境下长大，喜欢读书、弹钢琴、做陶器。她全家随父亲工作变化到处迁移，直到1885年才定居在离布洛捏森林很近的巴黎郊区帕西。虽然莫里索经常旅行，但是她在帕西度过了她的余生，因而她的很多作品都是以描绘布尔吉为特色的。

1857年，妈妈为16岁的莫里索和她的两个姐姐爱玛、伊芙斯付费上了艺术班。伊芙斯对此没有什么兴趣，而莫里索和爱玛继续求学。因为是女子，她们无法上国立美术学院，只能师从吉沙尔。莫里索和爱玛决定到户外作画。吉沙尔建议他们拜柯罗为师。1861年到1862年期间，姐妹俩师从柯罗。1864年，两姐妹向沙龙提交了作品，被沙龙接纳。1867年，贝尔特在巴黎画廊举办展览，其中有两幅作品是当年被沙龙接纳的。

莫里索经常临摹卢浮宫里那些大师的作品，在那里，她注意到了爱德华·马奈。不久后，也许是通过亨利·方丹-拉图尔，或者是通过爱玛的未婚夫阿道夫·波提伦（波提伦与马奈曾在同一个海军军校学习），马奈和莫索里彼此被正式引见。莫里索受到马奈绘画技巧的影响，强调设计的重要性。她鼓励马奈在室外进行创作，也曾给他做过模特。莫里索的男性同事总是试着“改进”她的作品。马奈曾经重画过她的作品《艺术家的母亲和妹妹》（1870年），这使她感到非常恼怒！她最棒的作品是给家庭成员画的肖像画——通常是以爱玛为模特的。到了1874年，莫里索已经形成了自己独特的画风。

★《摇篮》，贝尔特·莫里索（1872年）

在给爱玛和她的小女儿绘制的肖像画中，贝尔特试图营造出 种悲伤的气氛。爱玛一度在沙龙很有成就，但是她在婚后却感到作画很困难。

普鲁士围攻期间，莫里索呆在巴黎。艰苦的生活条件和严重的食物短缺影响到她的健康。德加、马奈和马奈的弟弟尤金是她家的常客。谈到德加，莫里索说他是"一个有些疯狂但是却风趣迷人的人。"她在1874年嫁给了尤金·马奈，尤金不知疲倦地挖掘着妻子的才能。

莫里索的户外绘画和每天颇具戏剧性的生活促使她向印象派发展。她是1874年参加画展的唯一一名女画家，并且在第八届印象派画展中展示了自己的7幅作品，只有在1879年，她的女儿降生的那年她才错过了画展。画展给她带来的影响力超过了沙龙给她带来的影响力。她的家成了印象派画家的社交场所。她的女儿朱莉·马奈是她最喜欢的模特。她用画笔记录了朱莉15年的成长历程。

1880年是莫里索的创作高峰。其他印象派画家都非常欣赏她的作品，德加是她最忠实的支持者之一。尤金·马奈死于1892年4月。1895年3月，莫里索得了肺炎。她写道："我的小朱莉，即便我死了，我也会永远爱你；请不要为我哭泣。"她在1895年3月2日离开人世，享年54岁。她死后，德加为她安排了一个纪念画展，还与一位朋友的儿子一起抚养朱莉。虽然莫里索名声很大，但她的死亡书上把她记录为"非专业"——她的画家地位没有得到官方承认。

卡米尔·毕沙罗（Camille Pissarro）1830~1903

- 1830年7月10日生于加勒比海丹属西印度群岛的圣·托马斯
- 1903年11月13日在巴黎逝世

主要作品

《伦敦的诺伍德雪景》（1870年）　《洛德希普林恩火车站》（1871年）

《红屋顶：冬日村庄的一角》（1877年）　《费里克斯·毕沙罗像》（1881年）

《拾穗者》（1889年）　《阴天下老罗恩的屋顶》（1896年）　《弗兰克斯剧院》（1898年）

卡米尔·毕沙罗出生在圣·托马斯——加勒比海中的一个小岛。他父亲原来是葡萄牙人。他们全家是马拉诺人——被天主教组织宗教裁判所逼迫信奉基督教的犹太人。他的家庭后来又恢复了犹太教信仰。为了完成他已故叔叔的遗愿，毕沙罗的父亲弗雷德里克从法国西南部的波尔多出发，于1824年到了圣·托马斯。他与他叔叔的遗孀、来自多米尼加群岛的雷切尔坠入爱河。在她怀孕后，他们本打算结婚，但犹太教堂不同意这桩婚事，1825年，他们被逼远离犹太教堂结婚。

据卡米尔·毕沙罗的曾孙、艺术史学家约希姆·毕沙罗所说，毕沙罗和他的三个兄弟姐妹都是私生子，他们没有去白人学校，而是就读于一个全是黑人的小学，该学校是由新教徒团体莫拉维亚兄弟会经营的。然而在1833年，毕沙罗3岁的时候，犹太教堂承认了他们父母的婚姻以及孩子们的合法性。大概因为卡米尔的兄长已经在那上学的缘故，或者是弗雷德里克自己的意愿，他把卡米尔送去了莫拉维亚学校。弗雷德里克死的时候，把自己的遗产平分给了新教教堂和犹太教堂。

毕沙罗家在夏洛特阿马利亚的一个港口经营着一家服饰店。每周都有许多商船在这里靠岸，圣·托马斯成了美洲、欧洲和非洲三洲交界地的主要贸易中心。毕沙罗还是个孩子的时候，在家里说法语，和岛上的黑人说英语和西班牙语。他开始画画，经常画他身边的黑人——他们大多数都是奴隶。他经常修改以工作中的人们为主题的作品。

弗雷德里克迫切地感到他的儿子需要得到良好的、法国式的教育，便于1842年把毕沙罗送到法国的寄宿学校。老师发现了这孩子的艺术才能，鼓励他把看到的东西都速写下来。毕沙罗1847年回到圣·托马斯，给家里的生意帮忙，但他并没有监督货物，而是速写颠簸的海港生活，这激怒了父亲。1852年，毕沙罗因为无法说服父亲让他学习艺术，就与一个丹麦画家弗里茨·梅尔拜跑到了委内瑞拉。"我再也不能忍受在圣·托马斯的生活了……我抛弃了在那里所有的一切逃走了。"他在加拉加斯做了两年画家。

★在毕沙罗的一生中，他对劳动人民的日常生活深感兴趣，他是印象派画家中活跃的政客和左翼分子。有些人把这归咎于他童年在丹属西印度群岛的经历，在那里，他亲眼目睹了奴隶制度的影响。

弗雷德里克最后在儿子的鸿鹄之志面前妥协了，他坚持认为毕沙罗应该到巴黎学习。毕沙罗于1855年回到了巴黎。他在瑞士人学院遇到了阿曼得·贵劳明和保罗·塞尚，在盖尔波瓦咖啡馆也遇到了志同道合的艺术家。据艺术史学家约翰·里华德所说，毕沙罗是"一个受欢迎的顾客，因为没有人不敬重这个既有绅士风度又冷静镇定的人。塞尚和德加都把他当作真正的朋友"。

毕沙罗抵达巴黎后不久，他的父母把生意留给一个经理照看，也到巴黎定居。他们从勃艮第请来了一个叫作朱莉·薇蕾的女佣。1860年，毕沙罗和朱莉恋爱了。他们的第一个孩子路西安出

★*《拾穗者》，卡米尔·毕沙罗（1889年）*

卡米尔画过很多东西：风景、当地居民、城市风景、河景、花园、冬景。《拾穗者》是在俄拉尼苏俄匹特创作的，毕沙罗的家人1884年就定居于此。

生于1863年。虽然他们于1871年在伦敦结了婚，但是朱莉低微的社会地位与背景阻碍了她参与毕沙罗的社交生活。

毕沙罗的父亲于1865年去世，毕沙罗也就此断了生活费。他被迫打零工，包括和贵劳明一起为窗帘上色。1869年，毕沙罗和家人搬到鲁弗申。后来，他们在普鲁士军队到来前逃到了伦敦，几乎所有毕沙罗的作品都被弃于家中。普鲁士军队在他家里安营扎寨，用他的画作铺地板。在1.500幅作品中，只有50幅幸免于难被保留了下来。

毕沙罗1871年6月回到巴黎。他成为印象派画家中的活跃分子，也是唯一一个参加了所有画展的人。1872年，毕沙罗一家搬到蓬多瓦兹，他依旧穷困潦倒，1874年底，他们家穷到不得不和一个朋友合住。1878年，毕沙罗写道："我正在经历着可怕的危机。"他欠着债，同时朱莉正怀着他们的第四个孩子。

毕沙罗总能培养出新的才能。许多人都向"毕沙罗神父"寻求建议。因为他是位能激发人灵感的老师，也从来不把自己的信仰强加在别人身上："应该对我的判断不屑一顾，我无法对你们隐瞒自己的观点，但是你们应当只接受那些符合你们想法的观点。"他还给予人们这样的警示："画了30年的画，我还是穷得叮当响。让更年轻的一代以此为诫吧！"

毕沙罗还是一位喜欢尝试新鲜事物的画家。19世纪80年代，他接受了点彩派。在1886年最后一次印象派画展中，他的作品和新印象派画家的作品挂在了一起。19世纪90年代，他摒弃了新印象派，再次接受印象派。一些人批评他抄袭别人的作品，但是高更在1895年反驳了这些言论："他观看每个人的作品，为什么不可以呢？每个人也在观看他的作品，却否定他。他是我心目中的大师，我不会否定他！"

与同代人相比，毕沙罗的声望提高缓慢，他的生活经常贫困潦倒。是他对艺术的坚持让他享有很高的声誉。他很为他的家人骄傲。他写道："我的家庭是这样的，只要家里有艺术，无论老人还是年轻人，都能培育出稀世的美丽花朵。"不幸的是，1897年，当毕沙罗终于被认可为一位伟大的画家的时候，他的大儿子路西安（也是一位画家）因心脏病突发身亡。同年11月，他的三儿子费里克西死于结核病，年仅23岁。

1897年，德莱弗斯事件造成了法国的分裂。虽然毕沙罗很欣赏德加，但是他对德加的排斥犹太主义非常反感，于是终止了这段友情。毕沙罗遭受眼疾，做过好几次手术。但他一直坚持绘画，直到生命结束。此前数年他曾写道："我现在所遭受的是非常可怕的……但是如果让我重新来过，我仍然会毫不犹豫地选择同样的道路。"卡米尔·毕沙罗于1903年11月13日在巴黎离开了人世，享年73岁。

阿曼德·贵劳明（Armand Guillaumin）1841~1927

阿曼德·贵劳明于1841年12月16日出生在巴黎，在洛林一直住到16岁，之后被送回巴黎为他的叔叔工作。他的家人反对他追求艺术，强迫他去上夜校。后来他在巴黎市政当局做劳工，"像奴隶一样工作"，一周工作三个晚上，白天画画。1861年，他在瑞士人学院遇到了塞尚和毕沙罗。1868年，贵劳明和毕沙罗一起给窗帘上色。贵劳明后来又去做劳工。毕沙罗写道："贵劳明白天画画，晚上挖渠，这是多么有勇气的人啊！"

虽然贵劳明很贫穷——这使他无法参加1876年和1879年的画展，但是他为每次印象派画展都做出了贡献。他还鼓励新生代画家，包括保罗·西涅克和乔治·修拉。1891年，财富终于垂怜于阿曼德·贵劳明——他中了10万法郎的彩票，由此投身于艺术。他于1927年6月去世，享年86岁。

毛里斯·布泽尔·普伦德加斯特（Maurice Brazil Prendergast）1859~1924

- 1859年10月10日生于加拿大纽芬兰的圣·约翰
- 1924年2月1日在美国纽约逝世

主要作品

《雨中的伞》（1899年）

《中央公园1903年的五月节》（1903年）

《内彭瑟海湾》（1914年）　《麻省的塞伦公园》（1918年）

★普伦德加斯特擅长画城镇风光和田园景色，尤以描画无拘无束追求享乐的人们而著称。

1859年，毛里斯·布泽尔·普伦德加斯特出生在加拿大纽芬兰圣·约翰的一个社会底层家庭。他的双胞胎姐姐在17岁时就夭折了，他还有一个弟弟，名叫查尔斯。普伦德加斯特早年的生活几乎不为人所知。

1868年，普伦德加斯特一家从加拿大移民到美国波士顿。普伦德加斯特在一所美国学校学习，在那里他学会了绘画技巧。他14岁就离开学校，在一家干货店工作，卖零星的服饰用品和纺织品。但他继续在夜校学习艺术，并经常参观波士顿的美术博物馆，据他弟弟查尔斯说，他还素描了波士顿周围的村庄。

1891年，普伦德加斯特和查尔斯（也是一个画家）攒了足够的钱环游欧洲。他们乘坐一艘运牛的船穿越了大西洋——这艘船要把活牛出口到欧洲。普伦德加斯特在法国呆了3年，1891年被巴黎的朱莉安学院录取。他也曾在卡拉罗斯学院求过学。

普伦德加斯特于1894年返回波士顿，在麻省的温切斯特与查尔斯呆在一起。他把绘画重点放在了那些在公园或沙滩上悠闲散步的享受闲暇生活的人们身上。1895年，他在波士顿艺术俱乐部第一次举办画展。他的第一次个人画展于1900年在纽约的麦克白画廊举办。他还曾在欧洲游历了几年的时间。

虽然在美国，印象派相对比较受欢迎，但是普伦德加斯特仍然觉得很难确立自己的地位。他和查尔斯关系亲密，由于艺术上和经济上的原因，他们俩共用一个工作室。查尔斯成功经营着画框生意，并在经济上支持着哥哥。

普伦德加斯特频繁而广泛地举办画展。1908年他参加了“八人组”，这是一群要打破当时在

★《内彭瑟海湾》，毛里斯·布泽尔·普伦德加斯特（1914年）

普伦德加斯特帮助组织了1913年著名的军械画展，他的作品也参展了。如果说普伦德加斯特没有被美国公众所接受，但他至少受到了前卫的同辈人和具有洞察力的收藏家和商人的尊重。他于1914年当选为美国画家与雕塑家协会的主席。

美国盛行的传统流派的艺术家。他们要用素描的手法来展现“真实的生活”，同时希望在美国建立一个真正意义上的美术学校。这八个人只在1908年在麦克白画廊举办过一次展览。普伦德加斯特参加了这次展览，但是他的作品却一张也没卖出去。这八个人组成了“烟灰缸学校”的核心，画那些日益增多的贫民窟，和那里饱受贫困煎熬的居民以及美国社会的“流浪者”。到了1910年，他发展了后印象派。

1923年，普伦德加斯特得了重病，住进纽约的一家医院里。死前不久，他在华盛顿被可可然画廊授予1,000美元的奖金和一枚铜制奖章。据报道，他曾经说过：“无论如何，我很高兴他们终于发现我并没有疯。”他在1924年2月离开了人世。

皮埃尔-奥古斯特·雷诺阿（Pierre-Auguste Renoir）1841~1919

- 1841年2月25日生于法国里摩日
- 1919年12月3日在法国卡格内松美逝世

主要作品

《撑阳伞的丽丝》（1867年） 《游艇上的午餐》（1869年） 《红磨坊的舞会》（1876年）

《夏潘蒂夫人和他的孩子》（1878年） 《野宴》（1881年） 《弹钢琴的女孩》（1892年）

皮埃尔-奥古斯特·雷诺阿生于里摩日的一个裁缝家庭，他是家中的第五个儿子。1846年全家搬到巴黎，随后，雷诺阿进入了一所基督教教友会创办的免费天主教会学堂。他很小就展露出作为音乐家的潜力并在教堂唱诗班中唱诗。13岁时的雷诺阿初露艺术才能，成为瓷器绘图学徒，在巴黎临近卢浮宫的工厂里为瓷器绘图。一有时间，他就去参观卢浮宫，同时，他在一位名叫卡鲁特尔的雕塑师那里学习绘画。

作为一名陶瓷美工，雷诺阿颇有声望。他开始为那些有地位的妇女设计扇子，在商店的屏风上作画，甚至仿造有色玻璃屏风，在教士的活动行军教堂上的半透明材料上画宗教图案。1860年他终于攒足了钱加入了格雷尔画室，在那里，他结识了莫奈、巴奇耶、西斯莱。格雷尔鼓励雷诺阿临摹卢浮宫里的作品，雷诺阿还在美术学院的夜校听课。

没有殷实的家境支持，雷诺阿不得不将作品提交给沙龙以赢取声望，并希望能售出他的帆布画。1864年他第一次在沙龙中展出作品（后来，他自己毁掉了这幅名叫《艾斯美拉达》的作品）。这年夏天，雷诺阿与巴奇耶、莫奈、西斯莱在枫丹白露森林里露天绘画。1865年沙龙接纳了

★《皮埃尔·奥古斯特·雷诺阿》，弗雷德里克·巴奇耶（1867年）

与许多同龄人相比，更为贫穷和更为卑微的背景使雷诺阿更加清楚地意识到，如果想成为一名成功的艺术家，就必须卖掉作品并使自己具有商业价值。

他的两幅作品。然而沙龙评委会因为对雷诺阿这样的画家采取宽容态度而遭受到一些沙龙成员的非难——雷诺阿作品中的现实主义色彩并不能取悦他们，于是一个新成立的、立场强硬的评委会拒绝展出他在1866年和1867年间的作品，这件事对雷诺阿打击颇大。

雷诺阿的生活依然动荡，他经常要靠朋友，尤其是巴奇耶的慷慨资助来维持生计。他常去光顾盖布瓦咖啡馆，在那里他结识了德加、莫奈和作家爱弥尔·左拉。他继续向沙龙提交作品并越来越多地获得成功，他的作品《撑阳伞的丽丝》获得了沙龙的认可，并得到了一些评论家的肯定。然而，也有些人指责他的作品中有莫奈的痕迹。

1869年，雷诺阿和莫奈在拉格林奇列餐厅兼浴园共同创作《游艇上的午餐》，它成为印象派风格发展历程中的标志性突破。

在1870年的普法战争中，雷诺阿应征入伍，驻扎在波尔多，在那里他患了痢疾。1871年3月雷诺阿重返巴黎，并深深地被这座富有生机、色彩斑斓并充满激情的城市所吸引。在这里，他可以确保绘制出更多的肖像画，并能结识许多收藏者。在1874年的印象派画展中，雷诺阿展出了7幅作品，并在1876年、1877年和1882年的画展上参展。他一直没有放弃向沙龙提交作品，这使德加大为恼火，他认为雷诺阿的行为是对印象派最恶劣的背叛。但是沙龙对于雷诺阿而言太重要了，"我绝不会浪费我的时间来消化任何对沙龙的忌恨"。

1879年，沙龙展出了雷诺阿的巨幅肖像画《夏潘蒂夫人和他的孩子》，作品得到一致好评，这是雷诺阿最春风得意的时刻。意识到更多的人会在沙龙中看到他的作品，他没有参加1879年印象派的画展，以免自己被归为印象派而遭到嘲讽，而是在一本旨在推进印象派的的艺术刊物的工作室中举行了个人画展。到1879年，越来越多的人请雷诺阿画肖像。

1881年，雷诺阿参观了意大利并绘画了许多威尼斯风光。他向画商坦言，大多数威尼斯风景都是他在巴黎的画室中完成的。1882年4月，杜德兰-罗恩承办了第七届印象派画展，希望让印象派重新团结起来，雷诺阿展出了包括《游艇上的午餐》在内的26件作品，他的作品受到了大众的青睐。

在从意大利回来的途中，雷诺阿到法国南部的莱斯塔克拜访了塞尚——塞尚的作品给雷诺阿留下了深刻的印象。加之受到意大利古典作品的影响，雷诺阿告诉杜德兰他不会再画印象画，他将开创一种画风更硬朗、结构更细腻、风格更古典的绘画方式。《浴女们》就标志着这一典型的变化。毕沙罗曾对此评价说："我不理解他想干什么。"然而，许多人喜欢这种变化。雷诺阿在

★《蛙塘》，奥古斯特·雷诺阿（1869年）

虽然雷诺阿和莫奈画的是同一处场景，但雷诺尔更侧重小岛和岛上的人物——这证明他喜欢关注人群。

写给杜德兰的信中说，“就公众的认同方面来看，我使绘画有了进步”。然而，商业压力迫使他3年后又重新回到了他已摈弃的风格，杜德兰花了大量的时间来说服买画者来欣赏雷诺阿的作品，但似乎买画者很难接受这种变化。

雷诺阿的生活状况也屡遭变故。1885年阿林为他生下一子，取名皮埃尔。出身卑微的阿林来到巴黎做女裁缝。雷诺阿在1880年与她相识，并用她作其名作《野宴》中的模特。1890年，皮埃尔5岁的时候，雷诺阿与阿林结婚，雷诺阿的许多朋友才第一次知道他们的关系。之后阿林又为他生了两个儿子，让（生于1894年）和克劳德（又叫可可，生于1901年）。

★*《游艇上的午餐》，奥古斯特·雷诺阿（1881年）*

雷诺阿于1881年完成的这幅画应该是他最富盛名的一幅作品。画中的众人中，既有他的未婚妻阿林（画中左侧抱着小狗的女子），又有艺术家古斯塔夫·卡勒波特（画中站在右侧的男子）。

尽管雷诺阿创造了一些令人难忘的女性形象，但他对女性的态度却不让人满意。同样的，他的作品赋予了劳动者极大的尊严，而他自己却是藐视他们的。有一次，他对贝特尔·莫里索的女儿朱莉·马奈说："教育对工人阶级而言是种毁灭。"

1888年雷诺阿第一次遭遇神经痛——一种神经系统的疾病，这最终导致他面部瘫痪。4年以后，也就是1892年，法国政府购买了他的作品《弹钢琴的女孩》，这令他无比荣耀。杜兰特-茹尔为他举办了大型个人作品回顾展。1894年阿林的侄女加布里埃·勒纳尔来到雷诺阿家照看他们的儿子让，她在雷诺阿家呆了20年，也成为雷诺阿的模特。雷诺阿的很多作品都是关于家庭的，还经常有关于母亲和孩子的主题。1896年贝特尔·莫里索逝世后，雷诺阿帮助照顾她的女儿朱莉·马奈。此时雷诺阿开始遭受风湿性关节炎的折磨。这几乎使他无法绘画——尽管他从没有向疾病屈服过。雷诺阿一家人更多的时间是呆在法国南部的卡格内松美。1900年雷诺阿获得了荣誉骑士勋章，并被提升为指挥官。因为他极具声望，他的作品被一些无艺德的画家和商人做成了赝品。1907年雷诺阿在卡格内松美置地建房。

1908年，雷诺阿的作品在全世界范围内进行展览，包括纽约和威尼斯，他依然友好热情。当一位美国记者采访他时，他回答说："我没有什么规则和窍门，任何人都可以看我的素材，观看我作画的过程。"即使在无法行走的情况下，他依然坚持让人将自己抬入画室，将画笔绑在他缠着绑带的伤残的手上做画。

雷诺阿在德国越来越受欢迎，并对表现派画家产生了深远的影响。至1913年，他在慕尼黑、柏林、德雷斯顿、斯图加特等地都举办了画展。为了弥补日益下降的视力缺陷，他开始练习雕刻。1913年他聘请了一位23岁的雕刻师理查德·贵诺当老师和助手。第一次世界大战对雷诺阿来说是苦不堪言的。1914年10月，他的两个儿子让和克劳德在战争中受伤；1915年6月，阿林在看望住院的儿子让后心脏病突发逝世，终年56岁。

雷诺阿是法国最著名的画家之一，当他的一幅作品于1917年在伦敦国家美术馆展出时，画家及评论家给予他这样的评价："从你的作品被展出的那一刻起……我们满怀欣喜地意识到，与我们同时代的一位人物已经跻身于欧洲传统作品的大师级行列。"雷诺尔度过了战后第一个和平之年，于1919年12月3日在卡格内松美的家中因肺炎逝世，享年78岁。

阿尔弗莱德·西斯莱（Alfred Sisley）1839~1899

- 1839年10月30日生于法国巴黎
- 1899年1月29日在法国莫瑞松隆逝世

主要作品

《鲁弗申的雪》（1874年）　《沃森有雾的早晨》（1874年）

《马尔港的洪水》（1876年）　《枫丹白露河边》（1885年）

★《阿尔弗莱德·西斯莱》，皮埃尔-奥古斯特·雷诺阿（1864年）

在格莱尔画室见面以后，莫奈深深地影响了西斯莱，使他全身心地投入到山水画中。

西斯莱出生于巴黎，父母是富足的英国人。父亲做进出口贸易生意，主要在法国和南美之间经营工艺花、丝绸、羽毛和手套。母亲叫菲利西亚·谢尔。西斯莱和他的哥哥亨瑞及两位姐姐——阿林和艾米丽接受的是法国式的高等教育。

1857年，18岁的西斯莱被家人送往伦敦学商，他将大部分的时间花在了博物馆和艺术画廊里，西斯莱似乎受到拉斐尔前派（伦敦的一群画家）的影响——他们认为，艺术应该还自然于本色。只是，他在伦敦创作的作品没能保留至今日。

1862年，西斯莱回到了巴黎，他知道自己真正想学的是绘画。与许多同龄人不同的是，西斯莱的父亲鼓励儿子去实现自己的艺术抱负。带着充足的生活费，西斯莱到格雷尔画室求学，在那里，他结识了莫奈、雷诺阿和巴奇耶。他四处旅行，并在英国创作了大量作品。

由于经济富足，西斯莱早期的生活是快乐和无忧无虑的。雷诺阿称他为“一个欢欣幸福的家伙”。据一些资料记载，西斯莱娶了一位来自法国的模特兼卖花女玛丽-尤金·雷丝库泽可。关于她，人们知之甚少，雷诺阿曾写到过她从事模特工作是因为“她家在一次经济投资中失利”。资料表明他们并没有结婚，他们有两个孩子，皮埃尔（生于1867年）和珍妮（生于1860年）。西斯莱和玛丽-尤金·雷丝库泽可相伴走完了一生。

19世纪70年代对于西斯莱来说时机不错，他开始向沙龙呈送作品，作品于1866年首次被沙龙接纳。1870年的普法战争成为他生命中的转折点，有人认为战争期间他一直呆在法国，但资料证明，他的家人——有可能就是他本人——在伦敦呆过一段时间。战争结束后，西斯莱家族产业破产，巨大的打击严重地损害了西斯莱父亲的健康，1871年父亲病逝。

★*《马尔港的洪水》，阿尔弗莱德·西斯莱（1876年）*

这是西斯莱为数众多的关于法国城镇和乡村遭受洪水袭击的作品中的一幅。

西斯莱一家从此完全依靠他的作品维持生计。他成了多产画家，但却依然承受着巨大的经济压力。1879年，他甚至因没钱交房租而被赶了出去。在一位富有的出版商的帮助下，西斯莱一家于1880年在莫瑞松隆安家。19世纪80年代，画商杜兰特-茹尔观看了他的作品。但即使是他，也无法帮助西斯莱把画卖出去。1897年他的个人作品回顾展也无人问津。

晚年时期，西斯莱避免和他原来的画友见面。当被问及他最喜爱的画家时，他有意回避提及他的同龄人。1898年玛丽去世——她在生病期间得到了西斯莱尽心尽力的照顾。但他很快意识到自己也已走到了生命的尽头，并告知了老朋友莫奈。莫奈急匆匆赶来陪伴他。1899年1月，西斯莱死于咽喉癌。

新生代

印象派画家对新生代画家的影响力和重要性是再怎么强调也不为过的。单是卡米尔·毕沙罗自己就曾经给新生代画家提出过建议，同时也激发了他们的灵感，这其中包括保罗·高更、保罗·西涅克、乔治·修拉、保罗·塞尚和文森特·凡·高。

新印象派和点彩派

新印象派既是印象派的发展者，又是印象派的反对者。当印象派画家想要寻求现实的时候，新印象派画家声明他们的作品更具有科学性。新印象派画家如西涅克、修拉和某个时期的毕沙罗，在印象派主义中运用了对颜色的科学理解，从而创造了点彩派——作品由点状的色彩组成，从远处看显示出强烈的明亮感。他们在1886年的印象派画展中得到了"新印象派画家"的称谓。

乔治·修拉（Georges Seurat）

乔治·修拉1859年生于法国巴黎。他1878年进入国立美术学院学习艺术。他对科学，特别是人类眼睛观看色彩的方式很感兴趣。他的研究促使他创造了点彩派。

1884年，修拉参加了独立沙龙。修拉的作品选择的都是一些常见的印象派主题，比如说风景和很受欢迎的娱乐活动。他接受的是传统的绘画技法。同时他还偏离了印象派画家的观点，试图在所要记录的事物上加进自己的个人情感，而不是单纯客观地描述它们。

文森特·凡·高（Vincent van Gogh）

文森特·凡·高出生在荷兰格鲁特·曾德特的一个小镇上。16岁的时候，他在叔叔开的艺廊里工作，1873年，他被送到伦敦的分公司工作。

1881年，他回到荷兰作画。可是一张画也没卖出去，经济上全靠他的弟弟提奥资助。1885年，他回到巴黎，提奥当时在那儿工作。他接触到印象派画家的作品，还结识了一些印象派画家，例如毕沙罗、高更和修拉。

受到印象派和日本艺术的影响，凡·高开始用自己的理解来表达看到的事物，而不仅仅是简单的复制。1888年，他来到法国南部的阿尔勒。在饱受频繁发作的抑郁症和神经疾病的折磨的同时，他创作了大量的帆布画。众所周知，在与高更的一次激烈争论中，凡·高把自己的耳朵割了下来。此后高更离开了凡·高。凡·高被送到附近的精神病院，在那里，他继续疯狂地作画。

★《奥维尔的教堂》，文森特·凡·高(1890年)

1886年，毕沙罗第一次见过文森特·凡·高后就告诫凡·高说，“如果不把印象派抛诸脑后，你一定会疯的”。那个时候，凡·高的作品全都色彩灰暗，十分阴沉。在听毕沙罗阐释了自己在色彩方面的技巧和理论后，凡·高开始尝试，并且马上取得了显著的效果。

后印象派

后印象派是印象派的延伸，或者说直接受到印象派的影响，特别是塞尚、高更和凡·高。英国艺术评论家罗杰·弗莱第一次使用“后印象派”这个名词来描述1880年到1905年的作品。

其他方面的影响

毕沙罗建议马蒂斯从模仿印象派转为“野兽派”。他还建议年轻的弗朗西斯·毕卡比亚从立体主义转向达达主义和超现实主义。巴勃罗·毕加索，作为现代有争议的最具影响力的画家，长期受印象派启发，特别是受到雷诺阿和德加的影响。

印象派画家的影响是巨大的。实际上，现代艺术的每次运动都与印象派有关。它改变了所有人——不论是艺术家还是非艺术家——看待世界的方式。如今，从参观印象派画展的人数和人们为印象派作品所付出的高价都可以看出它仍然非常受欢迎。

B卷·后印象派艺术家

[英] 琳达·博尔顿 著
郭嘉 译

什么是后印象派？

关于后印象派，有一点一定要记住——它并非一种独立的自成一体的艺术形式，而是对于印象派的各种不同回应的集合。我们现在所称的“后印象派”艺术家其实并不以此称谓自居。“后印象派”这个词是在1910年由英国艺术评论家罗杰·弗莱发明的。弗莱当时正在热心地筹办现代法国艺术展览。“应该给这场现代法国画作展览起个什么名字呢？”他首先想到的是“表达

★《静物》，保罗·塞尚（1890年）

塞尚经常描绘静物，并研究这些静物的内在结构。他用调色刀施加颜料，通过并列使用原色，如红色和绿色，来营造厚重感。

流派"这个词，但最终没有使用。弗莱认为印象主义的作品很肤浅，非常有吸引力，却不够严肃。尽管如此，他还是很欣赏莫奈的作品，于是展览的主题最终被确定为"莫奈与后印象派画家"其他印象派艺术家的作品则被排斥在外。

这次展览于1910年11月8日拉开序幕，向英国公众介绍了莫奈、赛尚、高更、凡·高、修拉和其他几位大师的作品。这些艺术家都曾一度追随印象派，并受印象派影响，使用明亮的色彩。但每位艺术家都发展了个人的绘画风格，在色彩、透视和主题方面有了新的突破。

弗莱展览的重点是高更、凡·高和塞尚的作品。这场展览给英国观众带来了巨大的的冲击，

★*《繁星满天的隆河夜景》，文森特·凡·高（1888年）*

凡·高在夜间借着煤气灯的光亮绘出了这个场面。他在给弟弟提奥的信中这样描绘：煤气灯光下，天空是绿蓝色的，水面是品蓝色，而城镇是蓝色和紫罗兰色的混合色。画面显著的位置上是一对情侣，象征着爱与希望。

明亮、强烈的色彩和大胆的构图给观众以启示。

野兽派

“野兽派”这个词是法国艺术评论家路易斯·沃塞尔在观看1905年巴黎秋季画展时做出的评价。当时他观看了马蒂斯、德朗、弗拉芒克、马尔凯、贾曼恩、卢奥和其他一些画家色彩明亮、充满野性气息的作品，并将其称为“野兽派作品”。

野兽派不是一个明确统一的流派，而马蒂斯被认为是各个分支流派的领袖。野兽派本身也

★《绿眼睛的少女》，亨利·马蒂斯（1908年）

这幅作品体现了野兽派大胆、简洁的色彩运用和简约的形式。画中女人的轮廓只给予了简单的线形处理，背景物体的颜色则格外醒目并具有现代感。

受到了20世纪早期在巴黎展出的后印象派画家如赛尚、凡·高、修拉和高更等人的作品的强烈影响，对他们强烈和明亮的色彩运用，以及对物体和地面景观的简单化处理表示赞许。

象征主义流派

“象征主义流派”既是一场文学运动又是一场艺术运动。象征主义流派的艺术家反对如实地描绘物体，追求一种理想的、朦胧的、假想的表现形式。象征主义曾有两种不同的发展趋势。第一种始自1988年高更第二次参观彭特-艾温（法国北部布列塔尼的画家社区），成员有高更、塞律西埃、德尼和贝尔那等。此流派的绘画手法包括简化物体及其轮廓，把物体画成平面的形状，并用粗糙的线条分隔不同的颜色区域。

象征主义的第二个流派脱胎于对神话般、梦境般往昔的追忆。其代表画家如普维·德·萨瓦纳、雷东、莫罗等，均是生活在神秘和鬼魅的理想世界里的寻梦者。他们受到一群被称为“前拉斐尔派”以及经常以亚瑟王及其骑士的童话场景为绘画题材的画家们的影响。象征主义流派的画家们每年举办展览展出自己的画作，此展览被诡异地命名为“玫瑰与十字的聚会”，由极具自由风格的魔术师约瑟芬·佩拉当于1892年到1897年间主办。

先知派

部分艺术家从象征主义流派的第二个分支中分离出来，并自命名为“那比斯”——希伯来文“先知”的意思。他们是朱莉安美术学院的一群学生，于1888年底在巴黎成立了秘密的兄弟会，并于1891年到1899年间在学院集会并展出作品。先知派认为应该赋予所画事物以主观情感，而不是简单地用写实法描绘事物。

先知派受保罗·塞律西埃的影响而存在。塞律西埃受到在彭特-艾温的高更的直接影响而创作了《奇境》。他采用了新的“综合主义”的方法，注重色彩高度集中的平面区域。返回巴黎后他向同仁们宣传了高更的观点，这时，这个团体才被命名为“先知派”。

从在艺术史上的重要性来看，象征主义及印象主义均对抽象艺术的发展起到了举足轻重的作用。在这场运动中也诞生了许多极具想像力的作品，它们预示着20世纪超现实主义时代的到

★《奇境》，保罗·塞律西埃（1888年）

这是修拉在高更的指导下在香烟盒的盖子上作的画。这幅小景观图表明了油画色彩强烈、结构稳固的特性，所以被称作“奇境”。

来。

新印象派

这一时期，画家们采用的诸多不同绘画风格之一就是“点彩”，又称“新印象派”，其中最著名的画家是乔治·修拉和保罗·西涅克。艺术家们自己称之为“分割主义”——来源于洛德于1879年在《现代色彩》一书中提出的视觉混合理论。视觉混合理论认为：当从一定距离观察许多不同颜色的小点或细微的笔触时，人的眼睛会自动将不同的颜色混合起来成为一种颜色。《大冠岛上的星期日下午》是“分割主义”的第一幅代表作。

巴黎

我们如今所称的“后印象派”的大多数艺术家虽然来自不同的国家，但大多数都在巴黎工作。巴黎当时被公认为是世界艺术之都；是艺术活动和艺术品交易的集中之地；也有国立高等美术学院和朱莉安美术学院等重要的艺术院校，许多艺术家在此接受教育。

后印象派画家成名的主要展览会有官方沙龙，落选作品沙龙，独立沙龙，秋季沙龙，比利时的二十人画展，威尼斯双年展，修拉和西涅克成立的独立艺术者协会等。

沙龙

沙龙是巴黎官方的艺术展览，直到1863年，沙龙都严格控制参展的艺术家和作品。包括印象派在内的充满创造性的艺术家们对此进行了强烈抗议，终于，在1863年，拿破仑三世下令为作品被拒的艺术家举办了一个特别的展览会，叫“落选作品沙龙”。这为急于突破传统绘画技术和题材的艺术家提供了巨大的展示平台。塞尚就是参展“落选作品沙龙”的画家之一。在这里，画家可以自由地作画，无需担心被歧视非传统作品的沙龙拒之门外了。

巴黎的艺术品经纪人也使艺术家们受益匪浅。这些交易商包括安博洛伊斯·沃拉德画廊、杜兰特-茹尔画廊、祖恩画廊等。后印象派作品主要的购买人，如格特鲁德·斯泰因的家族，购买了大量马蒂斯等画家的作品。

战争的影响

1870年至1871年间法国和普鲁士之间的普法战争给法国带来了毁灭性的打击。当时大多数后印象派画家年龄尚小，没有经历过战争。普维·德·萨瓦纳和雷东参了军。许多画家在两次世界大战中受到了更大的影响，特别是第一次世界大战期间很多画家被征入伍，其中也包括德朗。

皮埃尔·博纳尔（Pierre Bonnard）1867~1947

• 1867年10月3日生于法国巴黎近郊的玫瑰泉

• 1947年1月23日在法国南部的利卡内逝世

主要作品

《乡村的餐厅》（1913年）　　《窗户》（1925年）

《花园里的餐厅》（1934年~1935年）

★《自画像》，皮埃尔·博纳尔（1945年）

博纳尔的终身伴侣玛尔特逝世3年后博纳尔画了这幅画，3年后，博纳尔自己也离开了人世。作品体现了年迈的博纳尔的孤独寂寞。

1867年10月3日，皮埃尔·博纳尔出生于巴黎近郊的玫瑰泉。他是弗朗索瓦家庭三个孩子中的老二，父亲是国防部的公务员，母亲名叫伊丽莎白·默茨道尔夫。博纳尔童年时代的大部分时光都是在乡间度过的，他家的房子就建在一个大公园里。从很小的时候起，博纳尔就喜欢动物和田园风光。

1885年高中毕业以后，博纳尔攻读法学来取悦他的父亲，同时他宣布，自己在业余时间会认真学习绘画。1887年他求学于朱莉安美术学院，在那儿他遇见了组建先知派的丹尼斯、伊贝尔斯和兰塞恩。1888年他获得了法学学位，在一家办公室打零工。

1889年在法国一家香槟酒公司的海报设计大赛中博纳尔一举夺魁。100法郎的奖励鼓舞他继续自己的艺术之路，同时也赢得了他父亲的尊重。但也就是在同一年，他被征召入伍服兵役。

1890年博纳尔返回巴黎，与丹尼斯和维亚尔共用一个画室。1891年他在独立沙龙展出作品。

在印象派和象征派的画展中他也有作品参展。在象征派的帮助下，先知派举办了第一次画展。

1890年博纳尔在美术学院观看了日本艺术画展，日本版画对博纳尔产生了极深的影响。他很崇拜日本作品的简洁和色彩的运用，于是把它融入了自己的作品中。1892年一位评论家将博纳尔描述为“法国艺术家中最具有日本风格的画家”。

和其他先知派画家一样，从1891年到1905年，博纳尔靠装饰、绘画和设计谋生。他画过屏风、海报、平版画和插图，搞过舞台设计。

1893年博纳尔与玛丽·布尔森（又名玛尔特）相遇，玛尔特成为他的模特和终生伴侣。1896年博纳尔在保罗·杜兰特-茹尔画廊举办了自己第一次个人画展。艺术评论家古斯塔夫·格夫雷高度赞扬了他的作品，而画家卡米尔·毕沙罗却说他是“又一个彻底失败的象征主义画家”。毕沙罗同时表明，皮维·德·夏凡纳、德加、雷诺阿和莫奈都认为这次画展骇人听闻。然而后来，毕沙罗的观点有所改变，雷东和莫奈也都开始崇拜博纳尔。数年后，在莫奈的葬礼上，博纳尔还帮着搬运棺木。

画商安博洛伊斯·沃拉德一直在购买博纳尔的版画，但1900年后本汉·祖恩公司成为博纳尔的经销商。

★*《穿格子裙的女人》，皮埃尔·博纳尔，（1891年）*

人物和图案融合在一起所体现出的装饰性，正是博纳尔作为绘画艺术家、海报和屏风设计家受人欢迎之处。

1905年博纳尔已经开始有经济实力去西班牙、比利时和荷兰等国游玩参观。从1910年起他在巴黎和法国南部之间奔波，并于1912年在诺曼底购买了一所房子。第一次世界大战的爆发意味着他不得不停止旅游并定居下来，最后，他在法国南部的利卡内买了一所房子。

从20世纪20年代开始，作为一名画家，博纳尔生活得很平静，只是偶尔有人请他画插图。1923年他在匹兹堡举办的卡内基国际艺术展中获得了第三名，转年又举办了个人作品回顾展。1925年他与玛尔特结婚。她成为了博纳尔那些作品中浴室里、餐桌旁以及各个房间里面穿着袍子或没穿袍子的女主人公——正是这些微妙的、亲密的时刻赋予了他"维亚尔情感派"的称号。

玛尔特于1942年离开了人世，博纳尔由他的侄女照顾，直到1947年1月在利卡内逝世。

保罗·塞尚（Paul Cézanne）1839~1906

- 1839年1月19日生于法国南部普罗旺斯的埃克斯
- 1906年10月22日在普罗旺斯的埃克斯逝世

主要作品

《圣维克多山》（1887年）　《苹果与橘子》（1899年）　《抱着双臂的男人》（1899年）

1839年1月19日，保罗·塞尚出生在法国南部普罗旺斯的埃克斯。父亲路易·奥古斯都·塞尚是制帽厂的老板，母亲安妮·伊丽莎白·何娜伦尔·奥博特是位家庭主妇。塞尚还有一个妹妹叫玛丽，出生于1942年。他和妹妹都是私生子，直到1844年他的父母结婚，他们才有了合法身份。

塞尚的父亲后来成为银行家，家里的经济条件大为改善。在当地学校学习了一段时间以后，塞尚成为布尔邦学院的寄宿生，他学业优秀，并在绘画方面得过奖。在那里，他与作家爱弥尔·左拉结为挚友，这段友情一直持续到1886年。

1857年塞尚在一所免费绘画学校学习，后来他听从父亲的安排于1959年12月进入埃克斯法律大学就读。塞尚对法律全然没有兴趣，他一边学习一边继续绘画。他的一个心愿就是能去他孩提时的朋友左拉所在的巴黎学习绘画。在左拉的鼓励下，塞尚不顾父母的反对，于1861年到达巴黎。因始终未能考取巴黎高等美术学校，他只能暂时回埃克斯，到父亲的银行工作，但在第二年11月他又返回了巴黎。1863年，他在声名狼藉的的落选作品展中展出了自己的作品，转年又被沙龙拒之门外。这是从1864到1869年间塞尚的作品多次被沙龙拒之门外的开始。

★《自画像》，保罗·塞尚（1879年~1882年）

塞尚40岁出头时的自画像充满了忧郁。虽然受到一小群包括高更在内的年轻艺术家们的钦佩，塞尚仍然不自信，甚至有些绝望，担心自己的作品不能得到更广泛的认可。

1870年普法战争爆发，塞尚为了逃避兵役，与他的模特奥尔唐斯·菲凯在法国南部普罗旺斯沿海的埃斯塔克居住了下来。他们在一年前相遇并在两年后有了第一个儿子。1971年1月，他因逃避兵役而被判罪，因此他只能等到战争结束后才能返回巴黎。

1873年塞尚在瓦兹河畔的奥维尔村度过。每日里他步行到蓬多瓦兹去拜访卡米尔·毕沙罗，毕沙罗对他的绘画产生了极大的影响，并介绍他认识了印象主义收藏家迦谢医生。在1974年举行的第一届印象派画展中，在毕沙罗的坚持下，塞尚有3幅作品参展。

从1875年到1886年间塞尚分别在埃克斯、埃斯塔克、噶达内、马塞、蓬多瓦兹和巴黎居住过。可是他感觉在普罗旺斯最自在，不愿意离开普罗旺斯到巴黎去。他在第二届印象派画展中没有展出作品，却在第三届印象派画展中展出了自己的16幅作品，但公众反应平淡。塞尚大失所望，认为自己没有得到理应得到的认可。但是公众虽然不喜欢他的作品，其他艺术家对他的作品却很感兴趣。例如高更，他曾在1885年12月给他妻子的信中请求她不要卖掉塞尚的两幅作品，并且告诉她“它们很珍贵，……有一天它们会身价百倍”。

1886年3月，左拉出版了他的作品《工作》。这部小说描写了一个不幸、迷失了方向却在艺术界一无所获的艺术家。塞尚认为这本书是针对他而写的，因而受到了极大的伤害并与他这个儿时的朋友断绝了所有联系。1886年塞尚和奥尔唐斯正式结婚，此后不久他的父亲去世了，给他留下了丰厚的遗产。至此塞尚可以自由地创作，不再需要为钱担心。1890年塞尚受邀到布鲁塞尔展出他的作品，之后他们全家到瑞士度假。次年，他成为了虔诚的基督徒。虽然他出生时受过洗礼，但直到此时他才皈依基督。

1894年塞尚到吉维尔拜访莫奈。莫奈总是在他的花园里独自创作，在不同的时间、光线、天气和季节里画他的“水百合”系列作品。这个想法为塞尚创作“圣维克多山”系列作品提供了灵感——他第一次看到那座山是在他哥哥1891年在法国南部购置的房子里，此后他反复摹画圣维克多山。他这样做是为了了解风景画的架构而不是像莫奈那样去捕捉光线的变化。

1895年，画商安博洛伊斯·沃拉德在巴黎自己的画店里为塞尚举行了一次个人画展。1897年间他甚至购买了塞尚工作室中的所有作品。在他的帮助下，塞尚声名鹊起。到塞尚50多岁的时候，已经吸引了一批崇拜他的艺术家，那些人会给他写信，并去埃克斯朝拜他。尽管如此，塞尚只与极少数的几位密友往来，人们经常抱怨他情绪无常，脾气太大。

1897年塞尚的母亲去世后，他卖掉了在迦斯·德·布舫的房子，在埃克斯租了一套公寓，计划

★《圣维克多山》，保罗·塞尚（1902年~1906年）

塞尚在他的家乡普罗旺斯的埃克斯反复摹画这座山，通过这种方式，他可以更加理解风景画本身的架构，并创造一系列不同形态的景致。

建一个可以俯瞰埃克斯的新画室。1906年，塞尚的10幅作品在巴黎的秋季沙龙展出。1906年10月15日，塞尚外出写生时突然病倒，一星期后因肺炎逝世。他的作品对较年轻的艺术家很有影响，例如马蒂斯、毕加索以及布拉克等。

莫里斯·丹尼斯(Maurice Denis) 1870~1943

- 1870 年 11 月 25 日生于法国的格兰维尔
- 1943年11月在巴黎逝世

主要作品

《神秘的天主教徒》(1890年)

《1892年4月》(1892年)《相遇》(1892年)

★《自画像》,莫里斯·丹尼斯(1916年)

这幅作品绘于第一次世界大战期间,当时丹尼斯46岁,此时丹尼斯的作品已完全为宗教主题。

莫里斯·丹尼斯1870年11月25日出生于法国的格兰维尔。1881年到1887年间,他求学于巴黎著名的利慈贡多塞学校,艺术家爱德华·维亚尔和保罗·塞律西埃也曾在那里就读。1887年,丹尼斯就读于巴黎朱莉安美术学院,并成为先知派的创始人之一。

1890年丹尼斯在《艺术评论》上发表了其对绘画的定义:"我们应该记住:一幅画——在其成为一匹战马、一个裸人体或一个场景之前,其实只是一块按一定秩序组合起来的色彩附着的平面。"

1891年丹尼斯与先知派的其他成员在独立沙龙和巴赫德布特维画廊展出了他们的作品,次年又在比利时展出他们的作品。1893年丹尼斯与艺术家玛尔特·穆瑞尔结婚。1895年他与塞律西埃开始了他的第一次意大利之旅。在此期间,他深受意大利文艺复兴时期的艺术家乔托、安吉利科和皮耶罗·德拉·弗朗切斯的宗教壁画的影响。1899年,画商安博洛伊斯·沃拉德展出了丹尼斯的系列彩色平版印刷画,并命名为《恋情》。

1903年丹尼斯和塞律西埃来到了宗教艺术的中心——德国波隆的隐修院。在那里，他为《再现耶稣》刊物制作了216块木版雕版，并装饰了维思内的圣心堂。1904年他在杜德画廊的第一次个人画展中展示了他在意大利的学习成就，并于1907年在本汉·祖恩画廊举行了他的第二次个人作品展。

1908年先知派画家保罗·朗松在意大利威尼斯创建了朗松美术学院，同年，丹尼斯前往威尼斯拜访朗松。第二年朗松去世，他的妻子接管了学校，朗松的一些艺术家朋友为了帮助她而在朗松艺术学院教课，丹尼斯也在其中。

★《对塞尚的敬意》，莫里斯·丹尼斯（1900年）

这幅作品表现了包括丹尼斯在内的一群年轻艺术家对塞尚的敬意。在画中，一些画家围绕在塞尚的静物作品周围——这幅画还配有一个画架——仿佛在邀请我们加入进来，与他们一起欣赏塞尚的作品。

丹尼斯于1913年在圣-日尔曼-昂莱市买了一座小修道院，并成为虔诚的修道士。此后他的作品大多关注于精神层面上的东西。1919年，他在巴黎创建了宗教艺术画室，传播宗教艺术。

1922年丹尼斯与伊丽沙白·格拉特罗丽结婚。他继续周游四方并在1932年成为巴黎美术学院的一员。此后他出版了几本书，主要讲述艺术理论，如《宗教艺术的历史》和1942年所著的《塞尚的人生与艺术》等。1943年11月13日，丹尼斯死于巴黎圣米歇尔大道的一场交通事故。

安德烈·德朗（André Derain）1880~1954

- 1880年6月17日生于法国巴黎附近
- 1954年9月8日在塞纳-瓦兹省的加尔什逝世

主要作品

《夜晚的国会大厦》（1905年~1906年）　《伦敦人》（1906年）　《静物》（1921年~1922年）

1880年6月17日，安德烈·德朗出生于法国巴黎附近的沙东，父亲是一位有名的糕点师，还是小镇议员。德朗15岁时跟本地一位专画风景的画家雅科民的两个儿子一起学习绘画。在学校中，德朗在科学和美术方面都很优秀，毕业时，他不仅在自然科学方面获奖，还在绘画方面获了奖。德朗的父母考虑到，绘画或许是一个很好的业余爱好，但学习工程学对德朗来说则意味着会有一份稳定的工作，所以他们将德朗送入了巴黎工程大学。这所大学离巴黎高等美术学校和各种免费美术院校很近，离卢浮宫也不远，所以德朗开始画河岸风景或到卢浮宫观看画作。在那里，他结识了一位名叫利纳内的艺术家，利纳内介绍他认识了乔治·鲁奥和亨利·马蒂斯等人——他们都在巴黎高等美术学校师从于居斯塔夫·莫罗。德朗很快对马蒂斯的作品产生了兴趣，尤其欣赏其用色方法。

与很多年轻画家一样，德朗曾经受到塞尚画风的影响。1901年他观看了文森特·凡·高在巴黎本汉·祖恩画廊的大型展览。这次展览对他的冲击很大。在凡·高的画展期间，马蒂斯介绍他认识了莫里斯·德·弗拉芒克，此前他俩曾在由巴黎到沙东的火车上巧遇过。这次会面后，两个年轻人曾有一段时间共用一个画室。他俩在塞纳河靠近沙东的一个小岛上废弃的拉巴拉科旅馆的饭

★这幅照片是德朗中年时期拍摄的。德朗穿着保守且表情严肃，和时髦的艺术家形象相去甚远。

厅里一起作画，在那里，他们以波西米亚人的生活方式生活。德朗依靠父母的经济支持维持生活，而弗拉芒克则与一个大家族联姻。两人互相钦佩，被莫里斯·丹尼斯形容为“来自郊区的天才”。

德朗和弗拉芒克都以纯净、亮丽的颜色开始绘画，但他们一起绘画的日子因德朗去服兵役而被迫终止了。但他们仍然互相通信，长篇的信件记录了他们关于绘画与艺术的对话。德朗意识到在服兵役期间很难认真作画，因此他大量阅读，间歇作画，甚至希望能像弗拉芒克那样写部小说，以贴补他在军队所领取的微薄工资。

1904年9月德朗服完兵役回到沙东，继续和弗拉芒克、马蒂斯一起绘画，并常常到卢浮宫临摹文艺复兴时期的作品和巴洛克风格的作品以及埃及雕像。1905年2月，马蒂斯将画商安博洛伊斯·沃拉德介绍给德朗。沃拉德购买了德朗画室墙上所有的作品。马蒂斯借机劝服德朗的父母多给德朗些生活费。

德朗在独立沙龙展出了他的4幅作品。夏天，他去法国南部科利乌尔镇与马蒂斯碰面，并参加了著名的秋季沙龙——参加这个沙龙的画家由于画作色彩浓重、绘画大胆而被称为“野兽派”。德朗所画的《马蒂斯的肖像》和《伦敦池塘》都运用了这种明亮的色彩和非自然的颜色。画商沃拉德对莫奈所画的“泰晤士河”系列作品印象深刻，1905年他将德朗送往伦敦作画。

1906年德朗从伦敦回到法国，在莱斯塔克画画时与毕加索相识。转年他与毕加索的画商丹尼尔-亨瑞·坎维雷签约。在经济上有了保障之后，德朗与曾是毕加索的模特兼情人的艾丽斯·格瑞结婚，之后迁往蒙马特尔居住。

德朗受非洲艺术的影响也很深。1908年前后他用毕加索和布拉克的立体派理论做实验，与毕加索一起在西班牙和法国南部作画。到了1911年，他因深受早期法国和意大利原始主义画家的影响而开始追随“哥特式”风格，放弃了立体派画风。他还在卢浮宫临摹了大量这类画家的作品。

第一次世界大战期间，德朗在靠近索姆河的乾畔和凡尔登服兵役。1916年他举办了第一次个人画展，之后他又为迪亚基列夫所在的俄罗斯芭蕾舞团做舞美设计。德朗是位多才多艺的艺术家，可以绘画、雕刻、制陶、制图和画插图。直到1919年他才被允许离开军队，之后便开始活跃于巴黎的艺术圈。

自20世纪20年代以来，德朗多次到意大利和法国南部长期旅游。他在1928年获得卡内基奖。到了20世纪30年代，他变得更加孤僻，在乾布斯买了一栋房子供家人住。他则继续留在巴黎的房子里，因为在城市更容易找到模特。

第二次世界大战期间，德朗大部分时间居住在巴黎，并尽量避免与纳粹党人接触。因为当时人和艺术都退出了纳粹狭隘的视野，因此他不该像那个时期的许多其他印象派画家一样被形容

★《勒阿弗尔的弯道》，安德烈·德朗（1906年）

大胆的构思和颜色的运用突显其戏剧性的布局。画中树木晃动，透视被有意地扭曲了。

为"退化不前"。尽管事实上，他在1942年被正式邀请访问德国，他也接受了邀请——这导致许多人认为他也是纳粹而因此避开他。

此时虽然德朗的妻子同意收养他的私生子，但他们的关系已经相当恶劣了。一场大病后，德朗的眼睛处于半失明状态，和妻子也分道扬镳。1954年9月8日，德朗因一次车祸引起的并发症逝世于法国塞纳-瓦兹省的加尔什。

拉乌尔·杜菲（Raoul Dufy）1877~1953

- 1877年6月3日生于法国勒阿弗尔
- 1953年3月23日在法国福卡库逝世

主要作品

《苏珊娜·杜菲的肖像》（1904年）

《劳德斯的罂粟地》（1908年）

★《自画像》，拉乌尔·杜菲（1945年）
杜菲的早期作品反映出印象派风格，但在1905年会晤马蒂斯之后，他转向了野兽派。

1877年6月3日，拉乌尔·杜菲出生于法国北部的海港城市勒阿弗尔，他是家中的第二个儿子。父亲利昂·杜菲是一家小型金属厂的会计，母亲叫玛丽-尤金·埃达。一家人都酷爱音乐，家中有两个儿子后来都成为了音乐家。杜菲在14岁那年，由于家里经济困难，不得不辍学当了一名簿记员。但杜菲在巴黎高等美术学院上夜校，在那里，他遇见了艺术家乔治·布拉克。

1899年杜菲去巴黎继续自己的学业，并在1903年独立沙龙上第一次展出了自己的作品。当时他的作品深受印象派和凡·高的影响，但1905年他遇见了亨利·马蒂斯，被他的作品《奢华、平静与快感》所折服。他钦佩马蒂斯的绘画技巧和颜色的运用，于是他改变了自己的绘画风格并加入了野兽派。但与德朗以及弗拉芒克相比，杜菲的作品更内敛、更富有装饰性。

1908年，杜菲和布拉克同在勒阿弗尔绘画，他们都深受塞尚的影响。塞尚的前任画商安博洛伊斯·沃拉德为他们筹备了个人作品回顾展，这个展览受到了年轻画家们的喜爱。1909年，杜菲遇到了时尚设计师保罗·珀雷特，由此他摈弃了先前正在尝试的单色立体派。这一次的会见令杜菲成为纺织品设计师。1912年他为一家丝绸厂工作，设计窗帘和沙发套，同时他也为赌场、赛马场、赛舟会等一些典雅而又时尚的场景设计丝绸飘带。

1913年杜菲搬到法国南部的海耶斯居住，1920年到1923年间他在意大利四处游览。1925年，他和珀雷特前往摩洛哥，同年晚些时候，他在国际装饰艺术博览会上展示了他为珀雷特制作的14幅织锦。1930年他荣获卡内基奖。从1936年起，他为巴黎的几个区域——供电所，公园的猴

★《斗牛会》，拉乌尔·杜菲（1934年）

这幅画是杜菲明亮、丰富的画风的代表作，画作洋溢着假日气氛。赛舟会中，赛舟上那些在微风中欢快飞扬的旗帜，营造出节日愉快的氛围。

舍以及夏悠宫的戏院做装饰设计。第二次世界大战期间，杜菲一直呆在法国南部，他在自己的作品中经常描绘这个时尚的地方。

73岁的时候，杜菲前往美国做手术——他在1837年就患上了关节炎。1952年，他在威尼斯双年展中获得了国际锦标赛绘画冠军，此后他搬到了福卡库，因为那里的气候要温暖一些。76岁的时候，杜菲离开了人世。

保罗·高更（Paul Gauguin）1848~1903

- 1848年6月7日生于法国巴黎
- 1903年5月8日在多米尼加岛监狱逝世

主要作品

《布道后的幻象》（1888年）　《香草地的男人和马》（1891年）

《布列塔尼的农场》（1894年）

1848年6月，保罗·高更出生于法国巴黎。在他出生的第二年，高更全家航海前往秘鲁的利马，那里有他母亲的娘家。高更的父亲是一位政治新闻记者，本想在利马办家报纸，可不幸的是在船上便病故了。高更的幼年时期与母亲、姐姐在利马度过。1855年高更的祖父去世后，他们返回法国的奥尔良继承遗产。在高更的记忆中，利马既是一个与世隔绝的金色世界，又是一个遥远的、充满异国情调的地方，他一直渴望能回到那里。1865年他有了游览的机会。在法国海军服完了兵役之后，他借机从1865年到1867年间航海到南美洲兜了一圈。

1867年高更的母亲去世，家里的一位叫作古斯塔夫·阿罗沙的朋友成为他的监护人。阿罗沙是一个赞助商，喜好收集前卫作品，更将高更带入了艺术的殿堂。从1871年开始，阿罗沙帮助高更在巴黎成为股票经济人，进行股票买卖。

1873年夏季，阿罗沙的女儿玛格丽特鼓励高更从事绘画事业。虽然没有受过正规的训练，但他的早期作品却获得了巨大的成功。1873年他和丹麦女子梅特·苏菲·加德结婚，次年他们的儿子埃米尔出世。1876年，他的作品《维柔菲的风景》被沙龙接受，同时他也开始收集印象派画家的作品。1879年至1882年期间，他和印象派画家们一起参展，并在最后一届印象派画展中展出了19幅作品。

1883年，高更为了潜心绘画辞掉了在银行的工作。但作为画家，他很难在巴黎维持生计，于是举家迁往消费水平较低的鲁昂。高更早年通过阿罗沙介绍认识的卡米尔·毕沙罗也在那

★《自画像》，保罗·高更（1896年）

在这幅画中，高更以他惯用的夸张手法呈现出自己的侧面。他的许多自画像都将自己表现为救世主受难的形象。

里作画。可在鲁昂他们仍然难以维生，1885年他们又举家迁到哥本哈根生活，这里也是梅特的娘家，但此时高更与梅特的关系已经恶化。绝望中，他曾努力推销一种防水油布以维持家用。

最后高更决定返回法国寻找工作，并于1886年6月带着儿子格鲁维斯返回了巴黎。由于穷得揭不开锅，他把格鲁维斯放在寄宿学校。扯去了家庭的牵绊后，他自己到阿旺桥和布列塔尼逗留了数月。

法国北部的布列塔尼在当时原始而又古朴，这对高更极具吸引力——他喜欢称自己为"野

★《布道后的幻象》（又名《雅各与天使摔跤》），保罗·高更（1888年）

这是高更的力作之一，展现了一群穿着传统服装的法国布里多尼妇女在听完布道之后，眼前出现了《圣经》中"雅各与天使摔跤"的幻象——这幻象在画布的右上方可见。

埃米乐·贝尔纳（Emile Bernard）1868~1941

1868年4月28日，埃米尔·贝尔纳出生于里尔，父亲是一位布料商。1884年，他不顾父亲反对，在巴黎孔蒙画室求学。在那里，他遇见了凡·高和图鲁兹·劳特雷克。他的早期作品属于印象派，但在布列塔尼他接触到西涅克点彩派之后便开始尝试这种画法。贝尔纳希望找到一种“思想支配技巧”的绘画风格，他认为一幅画后面所承载的思想比绘画方式本身更重要。这种绘画风格与孔蒙的风格截然不同，贝尔纳因此被画室开除。1886年，他与高更在阿旺桥相识，并一起发展了景泰蓝画法。1889年他们一起在沃匹尼咖啡馆举办了展览。后来贝尔纳与高更产生了争执，他认为高更剽窃了他的观念并将其以自己的名义公布于众。贝尔纳于1941年4月15日在巴黎逝世。

蛮人”。在那里，农夫们穿着传统的服装，过着简单的生活。他给劳作和祷告的农夫画画，并有意识地采用原始简单的画法，传统的透视画法被类似于日本版画的垂直画法所代替。

1886年年底，高更与卡米尔·毕沙罗断交，同时也与印象派的绘画风格决裂。他经常与德加见面，并结识了凡·高。1887年4月他到巴拿马过上了“像野人”一样的生活，后因在马提尼克岛患病而不得不返回马塞。

1888年高更返回彭特-艾温，在那里他汇集了一批包括埃米乐·贝尔纳在内的崇拜他的年轻艺术家。他和贝尔纳发展了将文学、音乐与绘画结合在一起的象征主义流派。

在文森特·凡·高的弟弟提奥·凡·高的支持下，高更对自己的绘画更有信心了。后来经受不住食宿免费的诱惑，高更前往阿尔与凡·高共同生活。但他们的关系总是时好时坏，后因凡·高的自残事件，高更离开了阿尔。两人的联系就此终结。1888年12月，高更返回巴黎，继续与象征主义画家合作。

高更在哥本哈根与他的妻儿别离后，于1891年4月起程前往塔希提岛，希望能在那里找到一个无与伦比的天堂，远离欧洲堕落文化的侵扰。可由于殖民者的入侵和传教士的影响，塔希提岛也开始改变，高更的健康状况也开始恶化。由于不合理的饮食，数月后他被送进医院。他的绘画风格在那个时期发生了改变，并且在这一时期创作出了大量的作品。他对塔希提岛文化的兴趣促使他在1892年编辑了一本有关塔希提岛的民间传说的书。第二年，高更得知他获得了一小笔遗产，便于1893年8月从塔希提岛返回巴黎。

1895年，患了梅毒的高更又一次返回塔希提岛。在那里，他与一个名叫帕拉的年轻女子生活在一起，并生下一个女儿，取名为阿林，以此来纪念1897年去世的他和梅特所生的女儿。高更在完成了巨作《我们从哪儿来？》《我们是什么？》和《我们到哪儿去？》之后，因悲观绝望而决定自杀。1898年1月，高更服用了大量砒霜，但这次自杀并没有夺去他的生命，只是折腾得他整夜剧烈、痛苦地呕吐。

1901年，高更搬迁至侯爵夫人岛。在那儿，他与另一年轻女子于1902年生下一女。同年，他煽动本地土著人要求“无政府”，因此被指控为诽谤和煽动叛乱，被判关押三个月。他上诉抗议指控，却因入狱的打击于1903年5月8日逝世了。

文森特·凡·高（Vincent van Gogh）1853~1890

- 1853年3月30日生于荷兰的格罗渥特-松丹特
- 1890年7月29日在法国塞纳-瓦兹省逝世

主要作品

《向日葵》（1888年）　《耳朵缠着绷带的自画像》（1889年）

《繁星漫夜空》（1889年）　《圣雷米的山丘》（1889年7月）　《谢斯塔》（1889年~1990年）

1853年3月30日，文森特·凡·高出生在荷兰的格罗渥特-松丹特，这是一个靠近比利时的小乡村。他的父亲特奥多尔是荷兰加尔文教的牧师，母亲名叫安娜·科内利娅。凡·高是家中六个孩子中的老大。1864年凡·高11岁时，被送到泽文博根的一所寄宿学校。然而父亲收入减少，无法负担他的学费，16岁时凡·高便辍学回到家中。

1869年7月，凡·高被古比尔公司雇佣，在荷兰海牙的一家工艺美术品商店工作。那时的凡·高是好店员的典范，喜爱读书和参观博物馆。1873年初，凡·高的弟弟提奥在这家公司的布鲁塞尔分公司谋到一份职业。凡·高兄弟开始通信，这种联系持续了17年，记录了凡·高颠沛流离的一生。

1873年，凡·高被调到古比尔公司的伦敦分店工作，在那里，他看到了英国画家康斯特布尔、特纳和根兹巴罗的作品。他们画风景画的新画法给凡·高留下了深刻的印象。1873年夏天，凡·高爱上了一位法国牧师的19岁的女儿厄休拉·洛耶。凡·高向她求婚但遭到了拒绝，他悲伤而又绝望地返回荷兰家中。随后他和他的妹妹安娜一起前往伦敦，安娜希望在那儿找到一份教师或家

★《戴着草帽的自画像》，文森特·凡·高（1887年）

这是凡·高在他短暂的一生中所作的众多幅自画像之一。在这幅画像中，凡·高穿着随意，戴着草帽。这幅画展现了他一贯的色彩浓重的风格。

教的工作，而他则开始陷入沮丧之中，直到去世的那一天。

1875年5月，凡·高又一次被调离，这一次他被调到巴黎。从他给提奥的信中可以看出，那段时期他对宗教的兴趣越来越浓。凡·高最终离开了古比尔公司，在父母家短暂停留后，于1976年4月返回伦敦到拉姆斯盖特教书。他教过法语、算术和拼写。这份工作没有收入，只提供食宿。

后来凡·高辞去了这份工作，到伦敦郊外艾尔沃思的一所学校工作，该学校是牧师琼斯开办的。凡·高对圣经越来越痴迷，尤其是《新约全书》，他开始去伦敦一些最贫穷的地区布道。1876年圣诞节，他回家去陪双亲过节时一脸病态，憔悴不堪。于是他的父母在多德雷赫特的一家书店给他谋了一份差事，这样他只需坐在那里将荷兰文的《圣经》抄写为英文、德文和法文。

与他同住在多德雷赫特孔乾勒房屋里的同事兼室友为我们真实地描述了24岁的凡·高。他说："他是个独特的人，有着独特的外表；他长得不错，略显红色的头发倔强直立，脸上长满了雀斑，当他因激动而变得兴奋时，会顿时神采奕奕——这种事时有发生。"凡·高的举止开始让他的弟弟担心——凡·高常常忘记了吃饭，或通宵不眠——他下定决心成为一名传教士。

为了进入阿姆斯特丹大学的神学院学习，他需要通过难度很大的入学考试。虽然经过了15个月的艰苦努力，他还是没能通过考试，但他并没有放弃计划，并到布鲁塞尔附近的福音传道学院学习。1878年，他开始去比利时贫穷的煤矿传道。直到福音传道学院将他开除，他对宗教的狂热才告一段落。

在布施传道期间，凡·高不停地画画。这使他得以摆脱自身的沮丧颓废。他决定在27岁时成为一名画家，并意识到如果想像艺术家一样正确地表达自己的观点，就需要一步一步地提高自己的绘画技能。因无法支付传统美术学校的费用，他和他的画家朋友一起工作，就这样自学成才。从1880年到1881年间，他用了6个月的时间学习剖析和透视画法。这一时期，挫折、困窘和失败的感觉一直纠缠着他，使他沮丧难熬。

1881年他再次坠入爱河——他向一位寡妇求婚，但遭到拒绝，他又一次陷入了绝望的深渊。此后他搬迁到荷兰的德兰特，在非常贫苦的条件下继续绘画，并与一名做过他模特的妓女西恩发生了关系。当然，这一次感情也无疾而终。

1886年凡·高迁往巴黎与弟弟提奥住在一起——这样他可以减少开销。他在画家孔蒙的画室学习。在那里，他第一次看到印象派画家的作品，并感到由衷的钦佩。凡·高尝试在绘画中强调色彩的重要性——这在他以前的作品中是完全没有过的。同时他还开始关注日本版画。

★《凡·高在阿尔的卧室》，文森特·凡·高（1889年）

这是凡·高运用清晰和明亮的色彩创作的一幅令人愉快的作品。图中所画是他于1888年在法国南部的阿尔寄宿时的卧室。他爱卧室的简单整洁，木地板的朴素大方，还有那未经装饰的窗和简单的家具——床、脸盆架和两把椅子。

1887年，凡·高与高更、伯纳德一起在巴黎的几家有名的饭店举办画展。后因与其中一位饭店经理发生争执，画展草草收场。此前凡·高在巴黎的情绪一直都还好，此时则陷入了沮丧。他的艺术家同伴认为他脾气无常，经常侮辱、恐吓别人，行为举止怪异。他的弟弟提奥也觉得和他在一起生活让人难以忍受，他这样描述："我的家庭生活让人难以忍受，没有人愿意再来拜访我，因为每次拜访都以争吵结束。他是如此邋遢，整个房间都乱糟糟的。"

凡·高决定离开巴黎开始新的生活。1888年他离开巴黎前往法国南部的阿尔。他在那里绘画、散步和给朋友写信。但不久，他又开始郁郁寡欢了。

1888年3月，提奥设法展出了凡·高的三幅作品。他另租了一间房子专门存放凡·高寄给他的作品，还每月寄给他生活费。

1888年10月，高更前去拜访凡·高，但这次拜访在两个月后因高更想与凡·高分开而戏剧性地收场：当高更看到凡·高挥舞着一把剃刀，他觉得还是去旅馆投宿安全些。凡·高回到家中切下

★《麦田与乌鸦》，文森特·凡·高（1890年）

这幅画绘于凡·高逝世的那一年，也是他最后的作品之一。我们很难不把这幅作品看成一个预言，一种对死亡的暗示：乌鸦飞得很低，在麦田上空盘旋，太阳照在小路上，而路逐渐消失在视野里。

了自己的右耳。第二天早上，有人在他床上发现了他——浑身是血，奄奄一息。

随后警察被叫来，凡·高也被送到阿尔的侯特-杜医院。这次事件以后，凡·高精神失常，人们不得不把他关起来。这期间他画了自画像，画中的他耳朵上缠着绷带。

1889年1月4日，在凡·高要求下，他返回了自己的住所。一个月后他又被送进医院。阿尔的居民认为他是一个危险人物，集体联名请愿要求市长让凡·高搬走。从这时到他去世的这一年里，他几乎没有离开精神病院。他更加沮丧，觉得得到公众的认可是无望的。他在1889年5月这样写道："作为一个画家，我将永远一无所获，这一点我是很清楚的。"

1889年12月，他的精神病再一次强烈而可怕地发作了。凡·高不仅仅是一个狂躁的抑郁者，还有可能是一位癫痫病患者（患者会经常性的、不自主地突发痉挛）。他营养不良，精神和肉体都饱受苦难，经历了连续的精神崩溃。有时他认同自己提出的"精神病与其他疾病无异"的看法，狂热地绘画。然而又有时候，他觉得自己的境遇太苦，难以忍受，多次企图自杀。

凡·高应邀参加布鲁塞尔的"二十人画展"，他送去了6幅作品。他很惊讶地读到了知名文艺评论家阿尔贝特·奥里尔对他的作品的评论，知道奥里尔对他的作品很感兴趣。凡·高的画《红葡萄园》被安娜·博赫买走——这是他所作的700多幅作品中第一幅被售出的作品。

1890年5月，作为病人的凡·高在医院已经呆了一年多的时间，他再也无法忍受下去。他离开医院去了巴黎，在那儿，提奥安排他去瓦兹省的奥弗斯城寄宿，并由保罗·迦谢大夫照料。但凡·高并不相信迦谢大夫的医术。他继续创作，但同时又这样写道："回到这儿后，我觉得自己更为悲哀。我的生活从根本上就被人攻击，而我所走的每一步都步履蹒跚。"

1890年7月27日，寄宿在拉武家里的凡·高朝自己开了一枪。拉武家人发现他躺在床上，到处都是血。弟弟提奥得知后第二天便赶到了。凡·高于1890年7月29日凌晨1:30去世，此前他一边抽着烟斗，一边给弟弟留下了遗言。

亨利·马蒂斯（Henri Matisse）1869~1954

• 1869年12月31日生于法国东北部的卡托-康布雷齐

• 1954年11月3日在尼斯逝世

主要作品

《红色中的和谐》（1908年）　《雷德工作室》（1911年）　《意大利妇女》（1916年）

《节日里的鲜花》（1923年）

1869年12月31日，亨利·马蒂斯生于法国东北部加来海峡的卡托-康布雷齐。家里有三个孩子，他是老大。他的父亲埃米尔是一位粮商。母亲安娜掌管着他父亲的一部分生意，卖刷房屋的油漆并建议顾客怎样搭配颜色。马蒂斯是一个听话而且孝顺的孩子，他的母亲总是他最坚强的后盾。

马蒂斯17岁去巴黎学习法律之前寄宿在圣昆玎中学。1888年他通过了法律考试，开始在一家律师事务所上班。1889年他因患盲肠炎住院而停止了工作，第二年的大部分时间里他一直卧床不起。在他恢复期间，母亲鼓励他绘画。他的母亲本来就是一位能在瓷器上熟练绘画的画家，她建议马蒂斯在绘画时要倾听自己的心声，而不是完全依照美术的规则绘画。

1891年，马蒂斯决定去巴黎全职绘画。他的父亲讨厌这个职业，认为他不会成功，可马蒂斯还是放弃了他的法律职业，开始参加绘画培训。他在朱莉安学院和高等美术学院求学，师从于居斯塔夫·莫罗。他早期接受的是传统的学习方法，研究模型和临摹卢浮宫里大师们的作品。1895年到1897年的每个夏季，他都在布列塔尼绘画。

★《自画像》，亨利·马蒂斯（1918年）

画中的马蒂斯拿着画笔和调色板正坐在画架前工作——画笔和调色板在作品的右下方清晰可见。画家戴着眼镜，穿着严肃的西服、衬衣，打着领带，成熟稳重，颇具德国教授的风范。

1898年，马蒂斯与他的模特艾米尼·帕拉尔结婚。他们一起去伦敦、科西嘉和图卢兹旅行。为了谋生，帕拉尔学做帽子，接着自己又开了一家店。马蒂斯则找了一份为戏剧舞台绘画的工作。20世纪初帕拉尔和马蒂斯都患病后，他们被迫搬去与马蒂斯的父母同住。

马蒂斯虽然担心如他父亲所说他不会成功，但还是继续坚持绘画。1903年与保罗·西涅克的会面给马蒂斯带来启发。保罗·西涅克是一群更崇尚自由的艺术家组成的独立团体的创始人之一，马蒂斯因和他们一起举办画展而崭露头角。

1904年，他在安博洛伊斯·沃拉德画廊举办了个人画展，那一年夏天，与西涅克以及另一名点彩派画家亨利-埃德蒙·科斯一起在法国南部绘画。从西涅克那里，马蒂斯受到了修拉的"分割主义"的影响。

1905年，马蒂斯与德朗一起在法国南部的沿海渔村科利乌尔镇绘画，后来每年的夏天他都到那里进行创作。就在那里，马蒂斯绘画时色彩的运用发生了改变，他还促成了1905年在巴黎举办的著名的秋季沙龙——该沙龙被评论家路易斯·沃塞尔称为"野兽派"。作为这个流派的年长者，马蒂斯被尊为领袖。

马蒂斯参展的作品之一《戴着帽子的女士》被利奥·斯泰因购买下来。斯泰因的哥哥是富有的美国作家兼赞助商格特鲁德·斯泰因。斯泰因一家向美国其他的艺术收藏家大力推荐马蒂斯的作品，并把他介绍给了毕加索。到了1906年，马蒂斯的声望越来越高，他认识了俄国赞助商赛尔盖·希楚金，希楚金购买了他画室里所有的作品，并在1909年订购了两幅壁画《舞蹈》与《音乐》，挂在他莫斯科的家中。

1906年马蒂斯游览了阿尔及利亚。他对当地艺术和非洲雕塑产生了浓厚的兴趣。在马蒂斯的作品中可以很明显地看到这两种艺术对他的影响。从1907年开始，马蒂斯开始四处游览，他到过意大利、德国、西班牙、俄国和摩洛哥。1908年他出版了《一个画家的札记》一书，并在纽约举办了他的首次个人画展，但画展并不成功。1910年，他特意到慕尼黑观看伊斯兰艺术展览。

在第一次世界大战期间，马蒂斯居住在巴黎和法国南部，他用大部分时间学习拉小提琴。1919年，有人请他为斯特拉文斯基的"夜莺之歌"设计舞台和服饰。1921年他得到了官方的认可，法国政府购买了他的一幅画，他的作品也开始在全世界的公众收藏中展出。1925年他获得了荣誉骑士勋章。他继续游览，并在1930年被费城的巴恩斯基金会委派设计题为《舞蹈》的壁画。

20世纪30年代，马蒂斯和帕拉尔分居，但他们并没有离婚。马蒂斯身患癌症，1941年做了手

★《红屋子》，亨利·马蒂斯（1908年）

画中有女子出现是典型的马蒂斯作品风格。画面色彩鲜艳亮丽，画中墙上和桌上均有很多装饰物，色彩和画面自成格调。

术，却导致残疾。尽管他的妻子和女儿因与法国反抗组织有牵连而被捕，马蒂斯依然坚持创作。1947年他虽然被委任装饰位于尼斯附近的文斯的圣·玛丽·杜·罗塞尔教堂，却因疾病缠身而无法参加1951年的开幕式。

从1947年开始，马蒂斯卧病在床，他只能进行拼贴创作——用纸把设计剪出来，然后贴在帆布上。1954年11月3日，马蒂斯在尼斯逝世，享年84岁。

居斯塔夫·莫罗（Gustave Moreau）1826~1898

- 1826 年 4 月 6 日生于法国巴黎
- 1898 年 4 月 18 日在巴黎逝世

主要作品

《俄的浦斯和斯芬克斯》（1864年）

《奥菲斯》（1865年）　　《幻影》（1874年~1876年）

《赛伦》（1890年）

★《居斯塔夫·莫罗画像》，埃德加·德加（1867年）

这幅画像由印象派画家德加所作，表现的是莫罗坐在椅子上随意地一转身，仿佛是某位观众的抓拍。这幅富于浪漫色彩的历史再现与德加擅长的都市生活题材和风格相去甚远。

居斯塔夫·莫罗于1826年4月6日生于巴黎，父亲路易斯是巴黎城市建筑师，母亲波林是一位多才多艺的音乐家。莫罗自幼柔弱，在父母无微不至的关爱下长大。母子亲密无间，莫罗一直生活在父母的羽翼下，直到被父母并不情愿地送到巴黎的罗林高中，才开始独立生活。他在那里度过了不愉快的两年，直到一件不幸事件的发生他才回到家中——1840年，在他读三年级的时候，妹妹凯瑟琳去世了。1841年，这个悲痛中的家庭迁往意大利，正是在那里，莫罗对于艺术的热情滋生出来。他从8岁起就喜欢画画，在意大利时，就是父亲看到他笔记本上的素描后都大吃一惊，但他却坚持让莫罗完成学业之后才能去追求艺术梦想。

18岁时莫罗进入巴黎国立美术学院，师从于画家皮考。皮考理性的表现手法并不适合莫罗的性格，但却影响了他整整6年。莫罗1850年离开了国立美术学院。此时，他的作品多为浪漫风格，与后来成为他良师益友的德拉科洛瓦和西奥多·夏瑟约相似。

1852年父母搬家，莫罗也离开自己的公寓搬去和父母同住。他经常光顾一些时尚的咖啡馆和餐馆，去剧院看演出或是参观艺术展——无论走到哪里他都会受到欢迎。

1856年，莫罗31岁时，情况有了转变。他的朋友夏瑟约去世，莫罗也陷入了巨大的悲痛中。他不再社交，只呆在自己的画室里作画，开始了离群索居的生活。1857年至1859年间他呆在意大

★《奥菲斯》，居斯塔夫·莫罗（1865年）

作品取材于古希腊神话。莫罗采用抒情的、朦胧的手法刻画了一位具有浪漫特质的女性，她用奥菲斯所弹的七弦琴托住他的头部。

利，悲痛逐渐缓和，但再也找不回年轻时的安逸和快乐感觉了。

1875年莫罗被授予荣誉骑士勋章。1888年他成为美术学院的成员之一，并于1892年开始任教，门徒有马蒂斯、鲁奥和马尔凯等。1898年4月18日，莫罗在巴黎去世，享年72岁。他把他的画作、画室和房屋捐献给了国家，但要求把自己的房子建成以自己名字命名的博物馆。到1903年，居斯塔夫·莫罗博物馆吸引了大量游客前来参观。

奥迪隆·雷东（Odilon Redon）1840~1916

- 1840 年 4 月 20 日生于法国波尔多
- 1916 年 7 月 6 日在法国巴黎逝世

主要作品

《微笑的蜘蛛》（1881年）

《花丛中的欧菲丽亚》（1905年~1908年）

《花云》（1903年）

★《自画像》，奥迪隆·雷东（1867年）

雷东这位27岁的艺术家，其忧郁的性格在这幅自画像中一览无余。

奥迪隆·雷东于1840年4月20日生于法国波尔多，父亲伯特兰经营路易斯安娜州的种植园。母亲玛丽·格林，又名奥迪尔，是法国克里奥尔人，所以她也给自己的儿子取了相似的名字。小雷东身体很弱，被交给一位护士抚养，后又被送到父亲在梅克多买下的佩勒芭德房产处同一位大伯住在一起，然后又搬到了法国一个偏远的边陲小镇。远离家人的雷东在那里过着凄凉和孤独的生活。后来他这样解释那段生活经历对他的艺术创作产生的影响："很有必要让一些虚幻的东西充斥想象——去想象一些不可能的事情，以让身心驱逐曾经留下的记忆。"雷东7岁时，老护士常带着他逛巴黎的博物馆，就这样，雷东燃起了对艺术的热情。

由于身体虚弱雷东一直没有去上学，直到11岁才被送往波尔多一所寄宿学校。1855年他开始师从画家斯坦尼斯洛斯学习绘画，后来又去学习建筑，但并不成功。1864年他曾短期地师从国立高等美术学院的画家格罗枚。实际上此次从师并不明智，因为格罗枚的风格在于重视对细节

皮维斯·德·夏凡纳（Pierre-Cecile Puvis de Chavannes）1824~1898

皮维斯·德·夏凡纳1824年生于法国里昂。他曾就读于巴黎理工学校，但由于患病中途辍学。1847年，康复中的夏凡纳首次来到意大利，并对那里的壁画情有独钟。1848年他再次来到意大利，坚定了成为画家的决心。一回到法国，夏凡纳便立即师从于夏瑟约（也是莫罗的老师）。1850年，夏凡纳的第一幅作品《音乐天使》被沙龙接受，却又在第二天遭到了拒绝，这使得夏凡纳对官方艺术组织、甚至对自己的艺术见解产生了怀疑。

夏凡纳以壁画艺术著称，尤其是他在巴黎索邦和潘提翁神庙所作的壁画。1873年，夏凡纳在结束了在普法战争中国家护卫队的服役后，在颇具影响力的杜兰特-茹尔画廊展出了作品。

1877年夏凡纳获得荣誉勋章，这是夏凡纳献身艺术的见证。夏凡纳深深地影响了年轻一代的画家，尤其是高更和西涅克。1897年夏凡纳73岁时，和与他相伴40年的伴侣唐塔库泽内公主结为夫妻。夏凡纳于1898年10月24日去世。

的描绘，而雷东则天性喜欢模糊、内敛的风格。

雷东24岁时遇到了布雷斯丹，这位年长的艺术家以其充满想像力的幻想题材作品深深打动了他。布雷斯丹是雷东艺术生涯中的重要人物，他向雷东传授的不仅仅是个人的艺术创作经验，还有一种不同的生活方式。布雷斯丹是波西米亚人，他坚持自己独特的绘画风格，即使自己的作品不被世人接受，即使作品与声望和金钱无缘。雷东将布雷斯丹视为精神导师，布雷斯丹坚定了他追求自己理想的决心。

1870年雷东应征参加了普法战争，此后他才对正式开始其艺术生涯拥有信心。他在巴黎定居，起初是用炭笔作画。方丹·拉图尔教他创作版画，雷东的第一组版画作品《在梦里》于1879年问世。雷东的画作也反映出他对象征主义作家艾伦·坡和马拉美文学作品的兴趣。

★《太阳神的战车》，奥德林·雷东（1905年~1914年）

雷东的作品多为古典题材。古罗马太阳神阿波罗每天把载有太阳的战车驾驶到天空——这是雷东此幅作品灵感的来源。

1880年5月1日，40岁的雷东同一位克里奥尔女子卡米·珐特结婚。1881年，他的首次个人艺术展在巴黎现代艺术馆举行。1884年他又与人合办了独立沙龙，并从1884年起开始担任主席一职。

1886年，在瑞士布鲁塞尔的二十人画展上，他与印象派画家同时参展。他新奇的视角引发了人们的兴趣，雷东声名鹊起。自1889年起，雷东的作品开始在巴黎的保罗·杜兰特-茹尔画廊定期展出。

1880年，雷东结识了马拉美和其他几位象征主义作家。在J·K·余斯曼于1884年创作的小说中，主人公的原型收藏有雷东的作品，这让雷东的名气大震。

1894年至1895年间，雷东身患重病，此后，他的个性和艺术风格都发生了重大变化。他变得很开朗，喜爱用明亮的彩色蜡笔作画。雷东个人作品回顾展于1894年4月在杜兰特-茹尔画廊举办，后来又在布鲁塞尔、荷兰和英国等地展出。

1897年雷东卖掉了只住了几个月的在佩勒芭德的祖传房产，随后的几年里，他在安博洛伊斯·沃拉德画廊展出其作品。1899年沃拉德出版了雷东题为《圣约翰的天启》的版画。画家保罗·西奈克则为表达对雷东的敬意，组织了青年画家作品展。自此雷东转而专著于油画，特别是蜡笔画的创作。

1903年雷东获得荣誉骑士勋章提名。接下来的几年内他在秋季画展举行特别展览，展出自己的60余幅作品。1909年起他离开巴黎在比乌雷斯工作，受到法国以外的文艺界的赞赏——1910年他的作品在伦敦罗杰·弗莱后印象主义展览中展出；1913年，他的70余幅作品在纽约著名的军械库画展展出，其中有11幅关于花朵的作品被以300至500美元的高价收购。

1911年，雷东来到威尼斯，想完成他最后一组作品——他一直工作到生命的最后一刻。1916年7月6日，雷东在巴黎逝世。

保罗·塞律西埃（Paul Sérusier）1864~1927

- 1864年11月9日生于法国巴黎
- 1927年10月6日在法国末剌逝世

主要作品

《奇境》（1888年）　《咒语》（1890年）

《静物与紫罗兰》（1891年）

★ *《保罗·塞律西埃画像》，莫里斯·德尼斯（1918年）*

比塞律西埃大6岁的德尼斯把他描绘成穿着朴素、戴着草帽的乡下人形象。塞律西埃的《奇境》对后来成为先知派的年轻艺术家们产生了不可磨灭的影响。

保罗·塞律西埃于1864年11月9日生于一个显赫的佛兰德后裔家族，这个家族以制造手套和香水闻名。塞律西埃曾在巴黎康多赛就读。由于无意继承家族产业，他说服了父母，于1885年进入朱莉安美术学院学习。他对哲学和艺术饶有兴趣，是权威型和智慧型的人物，受到同学们的拥戴。1888年他在布列塔尼的彭特-艾温遇见了高更，在那里，高更给他上了重要的一课，并最终促使先知派诞生——在一个用来作画的火柴盒盖子上，高更向塞律西埃传授了艺术品制作的整套方法："你看，这些树是什么颜色的？黄色的，对吧？那么就画黄色；那片影子很蓝，那么就用深蓝色；那些红色的叶子——朱红色……"

讲授的结果是一幅比高更本人的作品还要更为抽象的图画。塞律西埃回到朱莉安美术学院后把这幅画拿给包括波那尔·维亚尔和丹尼斯在内的伙伴们看。他把这幅画称为《奇境》。塞律西埃和他的朋友们自称为“那比斯”，“那比斯”在希伯来文中是“先知”的意思，表明他们也投身于一场影响深远的艺术运动，而非单纯追求纯视觉上的艺术享受。塞律西埃希望志同道合的艺术家们能够联合起来组成一个团体。

1889年和1890的夏天，塞律西埃同高更的工作关系密切，后来高更离开前往大溪地，塞律西

★《妇女的宽恕》，保罗·塞律西埃（1894年）

这幅作品的宗教题材在先知派中很典型。画面描绘的是布里多尼女人穿着传统服装穿过城门走向教堂的过程。构图被平面化了，以营造出图案般的效果。

埃则接管了高更在彭特-艾温对艺术家们的领导工作。1890年早期，塞律西埃同先知派一同展出的作品不仅有画作，还有许多戏剧作品，例如场景设计、服装和节目等。

1890年前后，塞律西埃把布列塔尼当作自己的创作基地，他的描绘对象经常是布里多尼女人的日常琐事：打水或洗衣服，放牧或照料牲畜等等。他也创作壁画，家里的墙壁上也画满了水彩。他还建立了不同于当时绘画艺术的色彩理论：冷暖色调要分开使用，以免混合时产生不和谐感。

1894年，塞律西埃搬到布列塔尼的喀特安讷·杜·珐永久定居，直到1927年10月6日在末剌去世，享年63岁。

乔治·修拉（Georges Seurat）1859~1891

• 1859年12月2日生于法国巴黎

• 1891年3月29日在巴黎逝世

主要作品

《用锄头干活的农夫》（1882年）

《坐在画架前的女人》（1883年）

《大碗岛上的星期日下午》（1884年~1886年）

《马戏团》（1890年~1891年）

★这张照片展示给我们的是这位年轻富有却历尽磨难的画家1885年时的样子。他在32岁时突然死于白喉，留下了襁褓中的儿子和孤苦无依的妻子。他短暂的一生在艺术史上产生了巨大的影响。

乔治·修拉1859年12月2日出生于法国巴黎，父亲克里斯东·安东尼是巴黎官员，性格怪异，不同家人一起居住，每周才回家一次。修拉的母亲恩斯廷·珐维尔出身于巴黎一个富有而显赫的家族，是一位巴黎珠宝商的女儿。修拉家里有四个孩子，他是老三。

幼年时期的修拉经常和母亲一起坐在伯特休蒙公园里休憩。他后期有许多作品的灵感都来源于那段时间所观察到的人。10岁时修拉的舅舅开始指导他学习绘画。家庭牢固的经济基础意味着修拉不必为生计发愁，也不必像其他画家那样需要背叛家庭才得以学习绘画。1875年至1877年，他在巴黎住所附近的市立美术学校上夜校学习绘画，1878年进入国立美术学院深造。

1879至1880年间，修拉在布列塔尼的不列斯特服兵役，他大部分时间都在作画。一回到巴黎，他就租下了家附近的一个画室开始自修绘画，在这里，他开始用蜡笔尝试完全颠覆传统的绘画风格。

科学家以及艺术家都使修拉深受影响。科学家洛德在《现代色彩学》一书中描述了一项新的绘画方法：从一定的距离上看，放在一起的不同颜色的小点会自动融合成为另外一种颜色。这项发现成为修拉“分割主义”的基本原理。1886年，修拉结识了年轻的数学家和艺术理论家查理斯·亨利，亨利认为所有的原色都会对人的情感产生特定的影响。这也引起了修拉浓厚的兴趣。亨利认为上扬的线条和明亮的色彩会引发人们的愉悦之情，而下垂的线条和暗色则会使人萌生悲哀。

1884年，修拉的作品《阿尼埃尔浴场》被沙龙拒之门外。为此，修拉与保罗·西涅克、亨利·埃德蒙德·科洛斯和其他“独立艺术者协会”的成员重新举办了展览，并把《阿尼埃尔浴场》作为主要参展作品，展览大获成功。

★《大碗岛上的星期日下午》，保罗·修拉（1884年~1886年）

这幅作品作于修拉25岁左右，描绘的是巴黎人在星期日下午坐在塞纳河边消遣时的场景。图像是由不同颜色的颜料的小点组成的。这种被称为“点彩”的绘画技术以及“分割主义”、“新印象派”，反映了修拉对于色彩、色调和线条等相关科学理论的广泛兴趣。

1886年,《大碗岛上的星期日下午》在最后一次印象派展览上被展出,整幅作品是由不同颜色的小点组成的。评论家费利克斯·费内翁观看了这幅作品后,在《时尚》杂志发表了对修拉作品的评论文章,由此定义了"新印象派"。

1889年修拉开始与恋人玛德雷·诺布罗赫(奥特卢在其1890年所作油画《抹胭脂的女人》中的模特)同居,并于1890年2月生下一子。修拉一直对个人生活的隐私保密,即使是朋友,也很少知道这个女人的存在。修拉在去世的前几天才把她介绍给家人。1891年3月29日,修拉死于传染性白喉,不久,他的儿子也死于这种疾病。

保罗·西涅克（Paul Signae）1863~1935

- 1863年11月11日生于法国巴黎
- 1935年4月15日在巴黎逝世

主要作品

《餐厅》（1886年~1887年）

《马赛港的景致》（1905年）

《花瓶》（1918年）

★《航海的西涅克》，梭罗·凡·瑞瑟伯格（1886年）

梭罗·凡·瑞瑟伯格画的是艺术家西涅克正在进行他最喜欢的业余爱好——航海。西涅克手中握着钢缆，头上戴着水手的帽子，身后是白色的风帆。

保罗·西涅克1863年11月11日出生于法国巴黎，当时他的父亲保罗·维克多·朱尔斯只有24岁，经营着一家商店，生意不错。母亲赫罗伊斯·安伊斯·尤金20岁。西涅克体弱、敏感，喜欢艺术。在很小的时候，他就参观画廊和画展。在1879年的第四届印象派画展中，他试图说服家人购买印象派作品，但未能如愿。他迅速临摹了一幅德加的画，却在画展的门口被高更告知："先生，这里不允许抄袭。"

在西涅克16岁那年，父亲因肺结核逝世。母亲和儿子以及公公搬到了巴黎近郊的阿斯尼尔斯。西涅克开始绘画并在塞纳河上泛舟。1882年他与贝尔特·罗布雷斯邂逅，她是位制帽女，也是毕沙罗的远房亲戚。后来他们结了婚。西涅克开始在罗林学院学习建筑。他每天往返于家庭和学校之间，总会经过艺术系学生的宿舍，他开始拜访画商，参观画展。他下定决心要成为一名艺术家，并拒绝参加学校的期末考试——尽管他的学业很优秀。1883年，他求学于吉恩-芭朴缇斯特-埃米尔·宾私人画室。

他开始临摹德加和马奈的作品，走印象派路线。1884年6月他在独立沙龙上有两幅帆布画作品参展，他也亲眼目睹了乔治·修拉的大作。修拉的绘画风格以“点彩”为特点。西涅克成为修拉忠实的追随者，并于1885年完成了他第一部分割作品，该幅画作在第八届印象派画展中展出。

从19世纪80年代中期开始，西涅克定期参加独立沙龙，从1888年起参加在布鲁塞尔的二十

★《井边的女人》，保罗·西涅克（1892年）

画中的两个女人在井边打水的姿态是由点彩法完成的。修拉、西涅克、凡·瑞瑟伯格以及其他的画家喜欢用点彩法增加画面的亮度。

人画展，但直到1902年他才举办了自己的个人画展。1891年修拉意外身亡，西涅克成为新印象派理论的代言人和阐述者。除了画油画和在1896年开始画水彩画之外，西涅克还从事写作。他的《从德拉克罗瓦到新印象派》在1899年出版，是该运动的教科书。

1898年西涅克前往伦敦，进行他的“特纳（指艺术家约瑟夫·特纳）朝拜”。从1910年起，西涅克画了大量水彩画。从1905年直到1935年在法国逝世前，他一直是独立艺术家团体的负责人。

莫里斯·德·弗拉芒克（Maurice de Vlaminck）1876~1958

- 1876 年 4 月 4 日生于巴黎
- 1958 年 10 月 7 日在瑞-拉-噶德利尔逝世

主要作品

《游艇》（1908年）　《红土地》（1908年）

《雪中的村庄》（1927年）

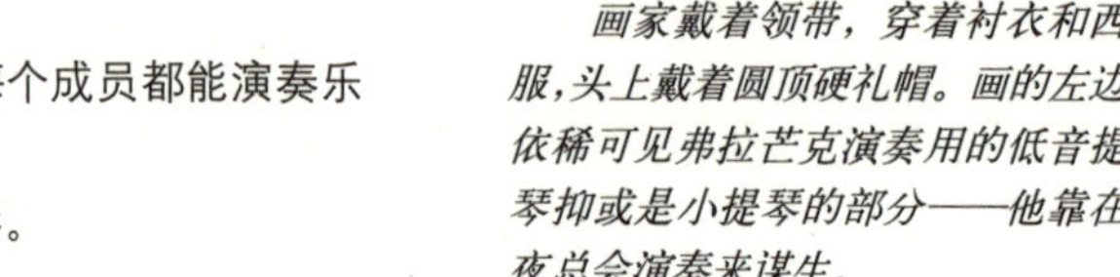

★《自画像》，莫里斯·德·弗拉芒克（1911年）

画家戴着领带，穿着衬衣和西服，头上戴着圆顶硬礼帽。画的左边依稀可见弗拉芒克演奏用的低音提琴抑或是小提琴的部分——他靠在夜总会演奏来谋生。

莫里斯·德·弗拉芒克于1876年4月4日生于巴黎，在外祖母居住的维斯内度过了自己的童年。家中共有五个孩子。他的父母都是音乐家，家里的每个成员都能演奏乐器——弗拉芒克拉小提琴和低音提琴。

1892年他离开了家乡，并于1894年和苏珊娜·贝利结婚。他曾获得职业自行车赛的冠军。1896年他因病无法参加在巴黎举行的自行车锦标赛，不得不遗憾地结束了自己的运动生涯。之后他在布列塔尼服兵役。

为了供养妻儿，弗拉芒克重操旧业，在夜总会和咖啡音乐厅拉小提琴。他也向无政府组织出版物投稿。有时他在夏都岛上尽情地绘画，后来他这样写道："我从没有想过要当一名画家，如果有人建议我从事绘画职业，我一定会大笑不止。当一名画家?！这和成为一名职业无政府组织者、情人、梦想家或拳击手一样不切实际。"

然而，弗拉芒克终于还是成了一名画家，这该归功于1900年他和画家安德烈·德朗的会晤。

德朗鼓励他全职绘画，他们一起成立了德夏都学社，这个学社以他们在巴黎郊区的居所命名。弗拉芒克主要靠自学成才。

弗拉芒克的第一次婚姻在1905年破裂，后来他与贝尔特·昆碧结为夫妻——他曾经教过她音乐。在1906年独立沙龙上，他第一次卖掉了一幅帆布画，卖了100法郎。画商安博洛伊斯·沃拉德购买了他画室里所有的画，并在1907年为他举办了个人画展。画家瓦西里·康定斯基邀请他参加在慕尼黑举办的第二届新艺术家协会画展。1912年罗杰·弗莱在伦敦举办的第二届后印象派画展也向他发出了盛情邀请。

★《红树》，莫里斯·德·弗拉芒克（1907年）

弗拉芒克特意选用了非自然的颜色，以反应出一种明亮、夸张的色调。该作品结构大胆、平面化，画的力度和野性让人很容易就理解了为什么这个流派被称为“野兽派”。

从1908年起，弗拉芒克的作品，尤其是风景画，色调变淡。第一次世界大战之后，他举办了第二次个人画展，所得的收入让他能够在维诺尔-圣-奥维尔附近的乡村购买了一座农场。和德朗一样，他在二战期间他访问德国以后身败名裂。他甚至在1944年被短期拘留，被质问行踪。

1954年他被邀请去威尼斯双年展参展，两年以后，一家私人画廊又举办了他的个人作品回顾展。他还撰写过几本小说，一些文章和回忆录，并做舞台背景设计以及给图书画插图。弗拉芒克于1958年10月7日在瑞-拉-噶德利尔逝世。

爱德华·维亚尔（Édouard Vuillard）1868~1940

- 1868年11月11日生于法国的洛昂奎索
- 1940年6月21日在拉博勒逝世

主要作品

《行走的年青女孩》（1891年）《壁炉旁的老妇人》（1895年）《在屋里》（1899年）

1868年11月11日爱德华·维亚尔出生在瑞士边境附近汝拉市的小镇洛昂奎索。他的父亲是一名退役的步兵上尉，在瑞士边境作税务员。维亚尔是家中三个孩子中年龄最小的。在他父亲退休后，9岁的维亚尔随家人搬到了巴黎。他母亲靠做内衣维持生计。家中的工作坊和圆桌上简单的饭菜后来常常成为维亚尔绘画的元素。

维亚尔在巴黎的贡多塞学院读书，学院所在的地区到处都是出版社、画廊和戏院，维亚尔在那里同时接触到上等贵族和底层人民的文化。有趣的是，维亚尔所有的先知派艺术家同道都是在这同一所被时尚包围的学校读书。

1885年，当维亚尔离开贡多塞学院时，本打算像家里其他成员一样在军队里谋个职位，但他的画家同学凯-格扎维埃·鲁塞尔劝他在一家免费夜校学习绘画。后来，他先后在高等美术学院和朱莉安学院接收了更为正规的绘画教育。

通过贡多塞学院的校友莫里斯·丹尼斯，维亚尔认识了博纳尔以及塞律西埃，后来他加入了他们的先知派。先知派成立于1888年，强调象征主义的理论，塞律西埃深受高更的影响，成为先知派的先锋。

★《自画像》，爱德华·维亚尔（1912年）

作品中，当维亚尔转过头看着打断他工作的观看者时，夸张的阴影掠过他的脸颊。

维亚尔的绘画内容主要是家庭生活，这种对家庭工作、生活的亲密记录被称为“情感派”。他经常为家庭或社交聚会拍照，并以照片为蓝本进行绘画。他以家庭生活为题材的绘画里经常出现他的外祖母——她直到1893年去世都和维亚尔一家生活在一起。维亚尔经常长时间地和画商乔斯以及露西·黑塞尔呆在一起，他们过着安静而富有品味的生活。

直到1928年母亲去世，维亚尔和母亲的关系都很亲密。维亚尔逐渐淡出，直到1936年和其他以前的先知派一起举办画展，他才重新回到公众的视线里。1938年，他在巴黎举办了个人作品回顾展。维亚尔一生未婚，于1940年6月31日在拉博勒逝世。

新生代

以年轻画家为主的后印象派的影响是巨大的。塞尚、高更和凡·高都具有非凡的影响力。凡·高“带着情感运用色彩”的理念直接带动了德国表现派画家如康丁斯基、诺尔迪和雅弗林斯基等的发展。

塞尚对21世纪的很多伟大画家也产生了深远的影响。他认为，所有的景物都是由圆锥体、圆柱体和球体构成的，这一观点引导毕加索、布拉克研究在绘画中使用几何形状，而这直接导致了立体派的形成。

深受塞尚影响的马蒂斯则对德国表现主义艺术家产生了深远的影响，尤其是“桥派”艺术家，例如基什内尔、施米特-鲁特勒夫和佩克斯坦。

瓦西里·康定斯基（Wassily Kandinsky）.1866~1944

出生于莫斯科的康定斯基后来在欧洲四处游览。在巴黎，他接触到了后印象派，尤其是马蒂斯的野兽派。他对修拉关于色彩、线条和结构的理论也很感兴趣。他把这一兴趣按逻辑演变成结论：绘画最终只是色彩和形态，是与外界全然无关的抽象作品。

★《抱着吉他的自画像》(Ⅱ) 乔治·布拉克

布拉克的静物自画像受到了塞尚作品利用几何形态的影响。塞尚认为，所有的景物都是由圆锥体、圆柱体和球体构成的。

保罗·科雷斯（Paul Klee）1879~1940

1879年保罗·科雷斯出生于瑞士首都伯尔尼。1900年保罗·科雷斯前往德国，在慕尼黑学院学习艺术。1906年他加入了蓝骑士画派，这一画派由他的朋友康定斯基和迈克等印象派画家组成。1908年他第一次欣赏到凡·高的两幅参展画作，兴奋不已。在包豪斯学校和杜塞尔多夫学院任教后，于1933年在纳粹强迫下他离开了德国，回到了瑞士并于1940年在那里逝世。

巴勃罗·毕加索（Pablo Picasso）1881~1973

出生于马拉加的毕加索在1901年离开西班牙来到了巴黎。他主要是受了凡·高和高更以及他们“用色彩表达情感”的观点的影响。这直接导致了他的“蓝调”时期——因他到巴黎后描绘巴黎底层人民生活的悲伤场景而得名。塞尚在立体派早期影响甚大，毕加索和布拉克则尝试了几何形态绘画，将其演变成一种风格——将绘画主题视为一系列不同的形态。

乔治·布拉克（Georges Braque）1882~1963

乔治·布拉克1882年3月出生于法国的阿根特尔。布拉克在卢浮宫学习艺术，在1904年秋季沙龙上欣赏到塞尚的作品并被深深打动。1905年他在秋季沙龙上看到了野兽派的作品，甚为震撼，他开始采用野兽派明亮、强烈的色彩。1907年塞尚对几何形态产生了兴趣，这也影响了布拉克和毕加索的立体派实践期（1907~1914）。布拉克于1963年在法国逝世。

图书在版编目(CIP)数据

印象派艺术家与后印象派艺术家/(英)沃利斯,(英)博尔顿著;郭嘉译.
—天津:天津教育出版社,2008.1
(艺术家传略丛书)
ISBN 978-7-5309-5043-2

Ⅰ.印… Ⅱ.①沃…②博…③郭… Ⅲ.印象画派—画家—列传—世界—青少年读物
Ⅳ.K815.72-49

中国版本图书馆 CIP 数据核字(2007)第 167450 号

印象派艺术家与后印象派艺术家

杰里米·沃利斯
琳达·博尔顿/著
郭 嘉/译

选题策划/袁 颖
责任编辑/袁 颖
装祯设计/王伟毅

出 版 人 肖占鹏
出版发行 天津教育出版社
天津市和平区西康路 35 号
邮政编码 300051
经 销 新华书店
印 刷 天津泰宇印务有限公司
版 次 2008 年 1 月第 1 版
印 次 2008 年 1 月第 1 次印刷
规 格 16 开(787×1092 毫米)
字 数 60 千字
印 张 9
定 价 22.00 元